手癢的譯者

《手癢的譯者》

《手癢的譯者》
作者：向日葵

（第二版）

中文電子書於 2013 年由電書朝代製作發行，推廣銷售
電書朝代 (eBook Dynasty) 由澳洲 Solid Software Pty Ltd 經營擁有
Web: http://www.ebookdynasty.net/
Email: contact@ebookdynasty.net

繁體中文版於 2017 年由 IngramSpark 隨需印刷
Ingram Content Group 推廣銷售
版權所有，翻印必究

給　有理想的人

目　錄

關於本書	6
手癢的譯者（代序）	7

第一部：譯園遊蹤　　11
自由譯者常用的五句話	13
中書外譯的前景	16
翻譯淺見	20
Do I Talk to Her?	26
經典澳洲英文	27
妳她又何妨？	30

第二部：我思我感　　33
玉米田裡的棒球賽	35
玉米之謎	38
如果沒有奇蹟	41
舞遍天涯	44
「虎媽」風波	49
給譚光磊先生的道歉信：「虎媽」風波後續	54
從「保庇」到英式「寶萊塢」	60
最悲傷的童書	63
沒有煙抽的日子	67
從艾拉·雷文說起	71
如果耶穌基督活了下來	75
從〈八月桂花香〉說起	79
藝評與人生：懷念澳洲藝評家羅伯特·修斯	82
J.K. 羅琳專訪觀後感	85

悼澳洲國民作家布萊思・寇特內 90

第三部：我見我聞 93
自己的房間 95
《全面啟動》的啟示 99
筆友的藝術 103
寫信的藝術 106
出版這塊大餅 108
既然要來，就準備好吧！ 111
「附驥尾」和史蒂芬・金 117
《末日之旅》：大眾題材的純文學史詩 120
約翰・葛里遜小說中的死刑 123
「電音三太子」的文化意義 129
淺讀《蔣介石與現代中國的奮鬥》和《宋美齡新傳》 132
文字處理的故事 137
創意與創作：所謂「狗屁的文化創意產業」（三之一） 141
創意與創作：所謂「狗屁的文化創意產業」（三之二） 145
創意與創作：所謂「狗屁的文化創意產業」（三之三） 148
文化的價位：談台灣出版業面臨的困境 152
《陰影》下的媒體現象 156
電子書可以（或應該）取代紙本書嗎？ 160

關於本書

　　《手癢的譯者》這本小書所收錄的，是作者向日葵（筆名）於 2010 年六月底至 2012 年十二月底，為其部落格「陽光下的聲音」所寫的四十篇文章。每篇文章的結尾都註明了網路的刊載日期，然而它們在這本書中的排列順序，卻因為全書文氣順暢的要求而和現實的刊載順序，而有些微的不同。

　　「陽光下的聲音」部落格：http://blog.ylib.com/sunflower

　　向日葵，1971 年出生於中華民國台灣省台北市，現居澳洲墨爾本市，為中英雙語作者、譯者、論者和讀者。

手癢的譯者（代序）

最近一連進行了幾個翻譯計畫，有中翻英，也有英翻中，每天這樣翻來翻去，感覺自己好像是鍋裡的一塊煎餅，非得翻來覆去地煎烤到兩面焦黃不可。更惱人的是，翻譯的文筆在自己眼中雖然好，天下之大卻盡是能人才士，因此對於好壞的標準總有不一，每次有機會讀到相關的評語，總是會耿耿於懷，覺得自己還有許多可以改進的地方。要達到完美，似乎是一件永遠也不可能做到的事。

作為一個同樣有創作野心的譯者，最痛苦的，便是每天為人作嫁衣裳的感覺了吧。雖然說譯者也是要付出自己的靈魂，也是要盡心竭力把一種語言改寫成另一種語言，但是在為誰辛苦為誰忙的同時，總希望有一天能再度把生活的重心放在自己身上。春蠶死不足惜，蠟炬也可以成灰，但是在絲盡淚乾的同時，如果是為了自己的成蝶放光，那也是值得的。反之，心中總是會有一種茫然的感覺。

也許這便是現代人自私的地方：凡事都從「我」出發：我的創作，我的心血，我的長路自己走，我的成就當然也應該由自己來享受。譯者有權利追求並強調「我」的存在嗎？一本好書透過翻譯而把作家的心血淋漓盡致地呈現在讀者眼前，誰又會記得譯者的辛苦？許多人可以信口道來世界各國的偉大作家和其代表作，但是有多少人可以數出幾個傑出的譯者？中英兩種語言之間的互換已經是夠困難了，更不用說那些默默耕耘其他語言的譯者，社會大眾在享受他們的心血成品的時候，卻也輕鬆便利地把他們遺忘了。

手癢的時候，譯者應該做什麼？創作、閱讀、還是評論？毫無疑問，翻譯和創作一樣，自己動手做得越多，越能自我長進而提升使用文字的程度和技巧。在閱讀方面，譯者在各種語言領域中看的書越多，對自己的了解也越能深刻犀利。那麼譯者能評論什麼？別人的翻譯嗎？是歌功頌德，還是挑三揀四？沒有對兩種語言痛下過功夫了解的人，不能真切實在地指出翻譯在信、達、雅三方面的成就或缺失。常有人說某些譯者的文筆差，

讀來不知所云，也有人盛讚某些譯者的文字親切自然，讀來賞心悅目，這其中的價值取捨為何？標準衡量又是什麼？誰能提出統一的規範？

譯者的責任在於用一種語言慣用的句法和文字盡可能完整、明確、通暢地表達出原本使用另一種語言創作的文字。這其間的轉折應該是忠實的代表，而不是改寫、甚至改造。譯者的良心在於：儘管眾人看不見這燈火闌珊處，自己也能謹守對於原著的「貞操」而不花心外遇，儘管「空床難獨守」，也要自始至終「妾心古井水」，忠誠地守著那原著的字字句句，直到地老天荒。至於身為讀者或論者的別人能不能體會這份苦心，看不看得到這份痴情，是否了解這段長久年歲的辛酸，其實是不重要的。

儘管如此，聽到別人的膚淺評論，東家長西家短，指桑罵槐，譯者心中還是有苦難言。尤其碰到輕言重利的出版社，好像刁鑽古怪的婆家那樣一天到晚逼譯者趕快再嫁（完稿），隨隨便便地丟出一筆嫁妝（稿費）就算了，也不管嫁去的那人（出版作品）內涵如何，人格品質又是否完美。反正讀者和論者如果看到不完美的作品，總是會怪罪譯者；作品賣不好，出版社收不回成本，也還是歸罪譯者。於是譯者便像一個委屈的小媳婦，滿腹辛酸都只能打落牙齒和血吞，心事無人知。有時候想想，還不如立上一座貞節牌坊算了，從此削髮為尼（改行），也免得受世間俗事干擾。

話雖然如此說，滾滾紅塵，譯者難免手癢，心也跟著癢起來。如果碰到一部好作品，就算是破戒而被逐出山門，明知道自己流落江湖的下場，譯者也會心甘情願地再次下海吧。希望大家都能對譯者多所鼓勵和肯定，《天龍八部》裡的虛竹雖然是個憨直討喜的角色，玄慈方丈卻更是一個了不起的人物呢。

後記：這篇文章刊出後，有網友 Bob 提問：「想請問格主有關翻譯的問題。我一直覺得自己將英文翻譯成中文的能力很差，很多情況都是能理解一個句子或是單字，卻不能找到好的、精確的中文字表達。曾經向前輩請教，他只說：這需要天份。很明白自己不是天才，但我不想放棄。目前有關翻譯的書籍只有雨果的著作，是否可以向您請教，能否給我一個自學的方向？萬分感激，謝謝。」

針對這個問題，我的回答是：「感謝您的留言，也給了我一個深思的機會。我最先想到的是那句大家都知道的話：成功只靠百分之一的天份，外加百分之九十九的努力。我覺得翻譯也是這樣，平時多練習，有空時多看書，真正進行翻譯的時候多加思考、推敲，是最基本的功夫。像您這樣不肯放棄，其實便是最重要的一步，許多人都做不到這一點呢。

　　「在看書方面，我覺得您可以找一本自己已經讀過、感覺順暢、也十分喜愛的書，然後去找原文書，兩方面對照著看。如果同一本書竟然有不同的翻譯版本，那就更好了，可以比較不同的翻譯方式和角度。在這樣中英對照的時候，可以發現許多用字遣詞的訣竅，更重要的是如何讓中文句子正確、通順而優雅。與此同時，也可以發現很多新奇有趣的英文詞句，則在中英兩種語言的學習方面都可加強。

　　「我同時也覺得，在翻譯的時候不能急切。有時候絞盡腦汁勉強翻出幾個句子，放鬆心情或大睡一覺之後，會發現更好的翻譯方法，思路也會流暢些。我們一般說中文已經太習慣，因此不太注重用字遣詞的紀律和氣質，不像使用英文那樣認真拘謹，力求完美。我覺得您如果想加強自己的中文表達，可以大量看書，建立起適合自己的表達方式和標準，並且堅持下去。看書的時候不要刻意分別類型，小說、散文、科普、評論、甚至詩詞，都會有幫助。

　　「在英文方面，我覺得看書的時候不但要理解意思，也可以試著慢慢品味、咀嚼作者的文字特色。大部份的英文作者都很流暢，但是偶爾會有一兩位作者的文筆特別有詩意，特別喜歡用難字或罕見字，在文法結構上特別刁鑽或漫不經心，或是能透過平易的文字表達出特別深厚的情感。如果讀到這種作家的作品，必定不能趕時間快讀，而應該一字一句慢慢讀，甚至開口朗誦。如此一來，對於英文的認識便能深入一層。

　　「對我而言，如果翻譯出來的句子連自己都看不下去，那簡直就是完蛋大吉。簡言之，先建立自己對於文字的紀律，再要求自己盡力達到並維持這個標準，久而久之，必有精進。翻譯必須自己動手作，光看關於翻譯的書是不夠的。

　　「一點心得，和您分享，再次謝謝您給我這個思考的機會。我們大家

《手癢的譯者》

一起努力吧！」

——原載於 2010 年七月十七日

第一部：譯園遊蹤

《手癢的譯者》

自由譯者常用的五句話

其實這五句話是我這個自由譯者常說的，不能套用在別人身上。儘管如此，所謂的「自由」往往都得付出代價，別人只看到譯者可以任意調配自己工作的時間，似乎悠閒無比，卻不知道那「三更燈火五更雞」的徹夜工作，面對截稿期限一天天迫近而心焦如焚的壓力，以及長期坐在書桌前奮鬥而導致的身心疲憊，就算想生病也得挑個不影響交稿給客戶的時間。

像我這個譯者，最常說的有五句話，謹在這裡提出來和大家分享。也許有其他的譯者、讀者、論者或甚至出版者，看了之後能會心一笑，那也是值得的。

一、感謝老天爺，有谷歌（或維基百科）的存在！(Thank God for Google/Wikipedia!)

報紙在過去讓讀者「在家不出門，能知天下事」的功能，如今已經被網路取代。如今大家上網找資料已成習慣，就算自己懶得進行搜尋，也習慣上網問人，以至於網路上充滿了各式各樣稀奇古怪、偶爾也簡單到令人捶心跳腳的問題，卻也有人樂於孜孜不倦地解答。

我自己在翻譯的時候，每次碰到不懂的詞句，總是會上網搜尋，常用的網站也只有谷歌搜尋引擎和維基百科。這兩個網站提供的資料雖然多到滿坑滿谷，卻不一定都正確可靠，尤其是翻譯要靠個人的知識和品味，不是誰都可以輕易拔得頭籌，於是所有資料都只能作為參考，自己還是得小心選擇，凡事都得進行「有文化的摸索」(educated guess)。我最喜歡的時刻是在四處碰壁、撞得頭破血流之後，突然在網路一個燈火闌珊的小角落找到了自己夢寐以求的資訊，當下一見鍾情不說，立刻堅忍卓絕地以身相許，確實是一種很幸福的感覺。

二、他媽的混蛋谷歌！(You bloody Google @#$%^&*!)

愛情雖然可貴，卻也總有遇人不淑的時候，雖然僥倖地及早警覺，受傷還是免不了的。我在谷歌進行搜尋的歷史中，不知道碰過多少看似忠厚老實、其實卻完全是個人臆測、甚至是奸詐謠言的資訊，每看一次就罵一

句，弄得身邊的人還以為我天性暴躁，口不擇言。

其實谷歌的搜尋機制就算再完備，資訊還是人類創造而提供的。我尤其痛恨那些沒事就把網路翻譯工具奉為聖物的人，不但自己以為機器翻出來的破碎字句相當完美，還要諄諄善誘地四處宣傳其好處，笑掉我們這些專業譯者的大牙不說，也真正是勞民傷財，若要用「生靈塗炭」這個詞來形容也不為過。殊不知，翻譯是需要靈魂的。沒有靈魂的翻譯文字，長得再俊俏也只不過是行屍走肉，連科學怪人都比不上。

三、哎，我實在是累垮了！(OK, I'm officially exhausted.)

在宮崎駿 (Hayao Miyazaki) 的著名動畫電影《魔女宅急便》(Kiki's Delivery Service) 的英文版中，小魔女琦琦和好友畫家娥蘇拉 (Ursula) 一起到後者位於山上的家裡去玩，兩人爬完山坡以後筋疲力盡，娥蘇拉說的就是這句話。我喜歡這句話，因為在宣告疲憊的背後有幽默、機智，還有隨時準備再出發的決心和毅力。雖然累，這條路總還是要走下去的。

自由譯者（或任何有職業道德的人）在事業中最必要維持的，就是職業信譽。一旦答應什麼時候要交稿，拼死拼活也要在截稿期限之前把工作完成，不管自己已經累到胃痛發作、腰都直不起來，不管自己每天在一盞孤燈之下工作到天明，四周的世界睡得安詳甜蜜，絲毫不管也不在乎自己的死活。自由譯者即使在白天也是有責任和義務的，因此蠟燭兩頭燒，腎上腺素再怎麼充沛，也還是有用完的一天。這一切都是為了維持自己的信譽，贏得客戶的信賴，未來才有繼續工作的機會。

四、我來烤個蛋糕（或餅乾）吧！(I'm going to cook a cake/some biscuits.)

所謂「自由譯者在白天的責任和義務」就是和四周的人好好相處，尤其是親近的家人、朋友，他們願意容忍譯者日夜顛倒的古怪作息，已經是相當了不起了，如果偶爾在心血來潮的時候殷切問候幾句，要譯者好好照顧身體、不要工作得太累云云，則更會令譯者感激得五體投地，覺得自己這一切辛苦工作都是值得的。

因此，有良心的譯者在白天能力所及，總是會想盡心盡力地做些什麼事來回報家人、朋友。像我喜歡烘培，每天就想方設法變花樣來做一堆西

點,今天烤個蘋果杏仁蛋糕,明天弄個巧克力小餅乾,口袋裡有幾個閒錢的時候就去買魚蝦來煮個海鮮濃湯,讓家人、朋友天天都有新口味品嚐,吃得胖嘟嘟的,他們開心,我也高興,更可以稍微彌補一下自己在進行翻譯工作時完全翻臉不認人的職業冷漠個性。時間久了,我還以為自己有多重人格呢。

五、錢啊,錢在哪裡？(Where is my money?)

作為自由譯者,最開心的時候就是翻譯計畫完成,來自全球各地的客戶依照約定把稿酬送來的那一刻。這些客戶都是透過網路聯絡的,素未謀面,職業背景也不得而知,因此我每次接下一個翻譯計畫,工作得人仰馬翻時,心中最深處的哪個角落裡總是會有某種疑慮,不知道這個客戶到時候會不會付錢。

不過,說也奇怪,在網路這個現代虛幻世界裡,肯守信、有道德的老派客戶竟然還是很多;我乖乖地把翻譯計畫完成,交出成果,他們也就乖乖地透過信用卡、支票、網路轉帳、乃至於國際銀行匯款等方式,把當初同意的稿酬金額送到我手上。我從來沒有碰過不付錢的客戶,也因此而對人性建立了些許信心,每次為新舊客戶服務,也特別盡心盡力,不希望辜負了他們的信任和期許。這是號稱無信無義的網路時代的一個新現象嗎？如果是的話,那真是人類之福了。

－－原載於 2010 年六月三十日

中書外譯的前景

譚光磊是一位資深版權代理人，曾經介紹過許許多多的好書給台灣讀者，除了以英語寫成的作品之外，也包括了西班牙文、法文、德文、瑞典文、冰島文、希伯來文和土耳其文。僅就今年五月以來經由其介紹而在台灣出版的一系列好書，便可以看出譚光磊在選書方面的多樣化和深入化：從奧黛麗·尼芬格 (Audrey Niffenegger) 的《她的對稱靈魂》(Her Fearful Symmetry) 到塔娜·法蘭琪 (Tana French) 的《神秘回聲》(Faithful Place)，從菲利士·帕爾馬 (Felix J. Palma) 的《時空旅行社》(El Mapa Del Tiempo) 到布蘭登·山德森 (Brandon Sanderson) 的《永世英雄》(Mistborn: The Hero of Ages)，從莎蓮·哈里斯 (Charlaine Harris) 的《找死高峰會》(A Southern Vampire Novel: All Together Dead) 到麥可·羅伯森 (Michael Robertson) 的《福爾摩斯先生收》(The Baker Street Letters)，等等。

與此同時，其他透過譚光磊的引薦而成為台灣讀者心目中耳熟能詳的眾多國際暢銷作家，還包括大衛·蓋梅爾 (David Gemmell)、高登·達奎斯 (Gordon Dahlquist)、艾莉絲·希柏德 (Alice Sebold)、布萊思·寇特內 (Bryce Courtenay)、李查德 (Lee Child)、約翰·康納利 (John Connolly)、麥可·謝朋 (Michael Chabon)、尼可拉斯·史派克 (Nicholas Sparks)、李歐納·科恩 (Leonard Cohen) 等人。這方面的名單簡直是寫也寫不完。他對於世界文學發展現狀的感覺是非常靈敏的，本身也有能力閱讀原著而真切地掌握住作品和作家文筆的特色，並且熟悉各國出版事業的走向，因此在推薦好書給台灣讀者的過程中，總是能找到合適的出版社，有能力對於作品進行最好的翻譯和出版。

然而我以為，譚光磊最值得期許的事業在於對中書外譯的推動。儘管這事業目前的成就還只是曙光乍現，未來的前景卻相當可觀。他在最近的一次訪問中指出，自己對於推展中書外譯的興趣始於 2007 年，當時他讀了加拿大籍中國作家張翎的《溫州女人》，深深覺得這是一部不可多得的傑

作，除了文字優美深沉、情節曲折感人、角色個性鮮明之外，書中場景更設在中國和加拿大，牽涉到許多加籍人士，因此在吸引西方讀者的注意力方面有相當大的潛力。他取得了張翎的同意而準備把這本書推薦給國外的出版社，卻因為無力負擔英文摘要翻譯的費用而只得暫時打消計畫。

到了2009年，譚光磊在北京讀到了張翎的《金山》，這本書以小說的形式敘寫前往加拿大淘金的方家五代歷史，內容豐富細緻而不瑣碎，被稱譽為是繼林語堂的《京華煙雲》以來最氣勢磅礡的長篇小說。他再度取得張翎的同意，帶著這本書參加了在德國舉行的法蘭克福國際書展，結果透過他的奔走努力，這本書雖然沒有英文摘要翻譯，卻能一口氣售出了十二個國家的翻譯出版權！這成就無疑是傑出的，也因此而讓譚光磊了解到：西方讀者對於中國文學的興趣已經到了前所未有的高昂地步。

在那之後，譚光磊陸續推薦了好幾本中國作家創作的長篇小說，包括了麥家的《解密》、遲子建的《額爾古納河右岸》、劉震雲的《我叫劉躍進》、以及艾米的《山楂樹之戀》。他在分析這幾本書的特色時指出，張翎的《金山》主題是西方讀者素來感到興趣的中國移民，以家族歷史為主的題材也是歐美各國所熟悉的。至於麥家在《解密》一書中的文筆傑出，在建立敘事結構方面也相當有技巧，除了挑戰讀者破解秘密的智力之外，更成功地塑造了一個悲劇英雄的角色。遲子建在《額爾古納河右岸》一書中寫的是中俄邊界的鄂溫克民族歷史，他們數百年前從貝加爾湖畔遷徙到這裡，與馴鹿相依為命，在大環境多變的影響之下默默地改造、適應著自我的族群結構和生存方式，其故事就像澳洲、美國和日本的原住民歷史那樣充滿血淚。劉震雲的《我叫劉躍進》節奏快，充滿幽默感和戲劇感，敘事結構曲折多變，足以反映出當代中國都市生活的變幻特色。至於艾米的《山楂樹之戀》描寫一個文革期間的愛情悲劇，這本書在中國極為暢銷，甚至連名導演張藝謀都開始了電影的改編和製作，作者本身在美國也建立了相當的文學事業，因此可以滿足西方讀者的期待。

由這段分析看來，譚光磊選擇推薦的中國文學作品多半具有故事性濃厚、可以使西方讀者產生共鳴的特色。他在訪問中也強調，他到目前為止選擇推薦的都是自己在讀完之後覺得相當感動、同時也可以在西方文學、

藝術或影視成就中找到對照比較的作品,前者足以讓他產生推銷熱情和誠意,後者卻是他必要採取的推銷手段。他進一步指出,作為一個奠基在台北的國際版權代理人,最大優勢便是可以掌握整個華文出版世界的脈動,不管是繁體書或簡體書都可以輕易取得,同時因為他本身在中英雙語文學方面的訓練和素養,可以直接閱讀原著而擷取其中精華,予以翻譯,在作業程序上比國內外的出版社更有競爭力,不需要仰賴書探的蒐羅和介紹。這是相當令人敬佩的。

然而我覺得,從譚光磊推動中書外譯的經驗中,最值得學習和深思的是他對於台灣和中國文學作品特色的看法。由於他目前已經推薦的五本書都是由中國作家所寫,這是不是顯示了台灣還沒有產生值得推薦翻譯給西方讀者的文學作品?譚光磊的意見是:

「眾所皆知,台灣作家擅長於創作散文和詩歌,以及具有實驗性的小說,多半也都是短篇。我以為台灣的作家們喜歡寫散文,而非小說;寫小說的作家們多半專力於短篇故事,而非長篇小說;同時寫小說的作家們比較致力於語言和體裁的精進,而不是故事本身的發展。我本身偏愛小說,基本上也只讀小說,因此我對於這個文類比較熟悉而專注。我讀了相當多的台灣和香港的小說作品,也希望能找到一些我喜歡而願意推薦到國際文學界的作品。然而到目前為止,中國有太多相當活躍的小說家,其作品對於西方讀者也有比較強烈的吸引力。」

這當然是譚光磊的主觀看法,但是我以為他的判斷和分析確實具有相當的正確性,也值得各界有志於創作的人士參考。台灣有許多作家的作品已經改編成電影,但是多半也都是感人至深的短篇小說,如果要找出一部長篇而又具有相當的故事性、足以引起西方讀者共鳴的文學作品,以我淺薄有限的見識而言,其數量和素質絕對是有限的,而台灣目前也缺乏持續而整體性的努力,以進行這些文學作品的翻譯和引薦。

作為讀者,你的看法怎麼樣?可以分享一些你以為值得翻譯給西方讀者看的台灣作品嗎?或者你知道一些已經翻譯成英語或其他語言的台灣文學作品,可不可以提出來給大家參考?

《手癢的譯者》

　　後記：這篇文章刊出後，譚光磊已於 2011 年十一月成功地為台灣作家吳明益的長篇小說《複眼人》售出全球英文版權。

－－原載於 2010 年七月二十九日

翻譯淺見

日前和幾位網友提到文學作品翻譯的問題,在不用大腦的情況下提到一句「翻譯的品質好不好,看中文就知道」,當場被網友質疑,要求提供證據。其實這就是網路寫作的問題,雖然只是在部落格的回應欄中天南地北閒聊,陳述的也都是個人主觀的看法,但是網路畢竟是公開場合,說兩句話容易,要負責任卻不簡單。古人有言「一文錢可以逼死英雄好漢」,網路上的意見在讀者迴響之後也可以達成同樣的效果,因此不得不小心謹慎才是。

查了一堆翻譯理論,在劉靖之先生主編的《翻譯論集》一書中找到許多重要的概念。像主編策劃「書林譯學叢書」的何偉傑先生是香港中文大學的教授,在總序中就語重心長地對中文世界的翻譯前景做出期許:

「在社會急遽商業化的時候,重理工、輕人文的短視比比皆是。只要大多數人尚未體認到,必須有蓬勃的文史哲與社會科學作為基石,科技才會有長程的健全發展,這樣的短視就依然會佔上風;社會一日未能充份理解優良翻譯工作的高難度和重要性,譯業的社會地位就一日難以獲得應有的承認,翻譯學也就一日難以更上層樓。當務之急,首在加強翻譯的專業教育,廣開研究風氣,虛心汲取中外古今的翻譯經驗以擇善應用,透過實踐體驗去組建我們自己的、適合當代需求的譯作譯評的理論和方略,從而使翻譯真正成為一種社會公認的學科與專業,使譯評走上軌道,也使翻譯教育更臻成熟,並改變我國在國際翻譯貿易中長期入超的狀況。」

這樣的宏願當然不容易實現,然而譯評的風氣只要能有客觀的證據和透徹的分析予以支持,確實也是一個值得鼓勵的方向。如今台灣的翻譯人才如過江之鯽,能同時閱讀兩種或更多語言的讀者和論者也比比皆是,譯者不再像過去那樣獨當一面,在翻譯成果上也像作者一樣必須接受大眾的評量和決斷,在翻譯作業上更像作者那樣必須有編輯和校對的支持。

因此,這篇文章想從幾個基本翻譯理論出發,探討文學作品的翻譯,除了譯者必須達到「信、達、雅」的基本要求之外,更需要有優秀的編輯

和校對配合，以及讀者和論者的客觀評析。換言之，當代翻譯求精進的責任不再只落在譯者身上，編輯和校對本身也要負相當大的責任，畢竟出版社要呈現在讀者眼前的是「文學」乃至於「文化」，而不只是單純的「文字」，讀者和論者也應該期許自己要求嚴謹而高品質的翻譯作品，勇於提出客觀公正的批評，不輕易向粗製濫造的翻譯作品妥協。

眾所周知，「信、達、雅」的翻譯要求是嚴復先生早在二十世紀初期提出的，林語堂先生將之提升到藝術的層次，認為「信、達、雅」其實包括三個問題：「譯者對原文方面的問題，譯者對中文方面的問題，譯者與藝術文的問題」（《翻譯論集》第63頁）。對於這個看法，劉靖之先生有相當精闢的解釋：

「林語堂將嚴復的翻譯理論從純文字的技巧提升到文藝心理的高度。其實除了譯者的心理和所譯的文字這兩個問題外，讀者的心理也是十分重要的。譯文『信』否只有譯者自己和譯評家知道，一般不懂外文的讀者是無法得知的。但譯文之『達、雅』卻關乎譯者駕馭文字之能力和讀者的感受。假若譯文的水準高，讀者感到閱讀這種譯文是一種享受，那麼就如林以亮所說的那句『得到的則是一種新奇的美感經驗』。」（《翻譯論集》第3頁）

林以亮先生指出譯者應該具備三個條件：對原作的把握，對本國文字的操縱能力，經驗和豐富的想像力。傅雷先生要求翻譯的「神似」和「境界」，錢鍾書先生則別出心裁地指出，翻譯不但能幫助那些不懂外文的人了解原著，更可能誘導人們去學外文。錢先生的這個看法值得在這裡把原文摘錄出來，以作為所有譯者、編者和出版社的借鏡：

「這樣說來，好譯本的作用是消滅自己：它把我們向原作過渡，而我們讀到原作，馬上擲開了譯本。勇於自信的翻譯家也許認為讀了他的譯本就無需再讀原作，但是一般人能欣賞貨真價實的原作以後，常常薄情地拋棄了翻譯家辛勤製造的代用品。倒是壞翻譯會發生一種消滅原作的效力。拙劣晦澀的譯文無形中替作品拒絕讀者；他對譯本看不下去，就連原作也不想看了。這一類的翻譯不是居間，而是離間，摧滅了讀者進一步和原作直接連繫的可能性，掃盡讀者的興趣，同時也破壞了原作的名譽。」

（《翻譯論集》第303、304頁）

　　這段話一針見血，讀來令人拍案叫絕，也是我敢大膽提出「翻譯的品質好不好，看中文就知道」這個淺見的主要原因。然而在這「附驥尾」行為的同時，我想一再強調的是：當代文學翻譯的關鍵不只在於譯者是否優秀，能否用心，出版社本身的編輯和校對也許更要負相當大的責任。一部文學作品的呈現正如王以鑄先生引用王國維先生的話，「不會是表面上的東西，而是深藏在語言內部的東西；不是孤立的東西，而是和包括它的全體、和作者本身、甚至和作者的時代背景交織在一起的東西。這種東西不是在字面上，而是在字裡行間。與其說我們要了解它，勿寧說我們要感覺到它更恰當些」（《翻譯論集》第6頁）。如果出版社在出版一部文學作品的翻譯時，不能嚴謹忠實地同時體現出作者的人格和風格，那麼這種翻譯出版的水準也不能算是太高。

　　舉例來說，我在〈《蔣介石與現代中國的奮鬥》和《宋美齡新傳》讀後感〉（見本書第三部）一文中批評了這兩本書雖然據說是同一個人翻譯的，前者的譯文流暢易讀，後者充斥的西式語法卻更多，筆調也更為隨意而充滿時興口語。更重要的是，在這兩本書的出版設計上，《蔣介石與現代中國的奮鬥》一書完整嚴謹地包括了所有的導讀、序言和註釋，忠實地呈現這本書作為一部重要研究論著的面貌；反觀《宋美齡新傳》卻缺乏註釋，省略序言，在加註各種英文原名的時候標準不一，偶爾插入更正或解釋文字的時候更和本文風馬牛不相及，因而使這本書的文學和學術價值大為減低。這些優劣比較不需要訴諸原文，都是只看中文文本就能做出判斷的，更在相當大的程度上顯露了後者的出版社和編輯的缺乏專業。

　　我在〈翻譯的校對與編輯〉（見《時間的秘密》一書第五部）一文中也提到：「翻譯的成品需要校對，更需要編輯。這兩者之間是有差別的。校對的目的在於檢查並修正錯誤的用字和文法，編輯的用意則在於保持所有翻譯文字的正確、通達和優美。」由於校對和編輯人員屬於出版社對於譯者的支持和監督，在檢查譯文的時候就需要特別嚴格，除了確定譯文的正確與否，更得負責提升中文文字的流暢和優美。例如胡適先生在討論翻譯的時候就說過這樣一句話：

《手癢的譯者》

「嚴又陵說好的翻譯是信、達、雅，嚴先生說的是古雅，現在我們如不求古雅，也必須要『好』。所謂好，就是讀者讀完之後要愉快。我們要想一想，如果羅素不是英國人，而是中國人，是今天的中國人，他要寫那句話，該怎樣寫呢？」（《翻譯論集》第5頁）

以這樣的標準來檢視許多當代文學作品的翻譯，就能單純從中文閱讀的角度一窺其可以改進之處。在這裡特別要強調的一點是：以下所舉的幾個例子出於我自己手上可以找到的書，也只是我個人的主觀衡量，也許其他讀者會有不同和更好的意見，彼此之間可以參考協商，不必只從主觀的角度大打筆戰。比方說，就上文討論過的《宋美齡新傳》一書，第598頁寫到「蔣經國……經常一件夾克、一頂棒球帽就四處趴趴走」，這「趴趴走」就屬於時興口語，不適用於學術著作。又如第626頁寫到：「國軍空軍的銀翼標誌別在肩上，蔣夫人在加州崔維斯空軍基地下機。」這句話如果改成「蔣夫人的肩上別著國軍空軍的銀翼標誌，在加州崔維斯空軍基地下機」，甚至「蔣夫人在加州崔維斯空軍基地下機，肩上別著國軍空軍的銀翼標誌」，是不是會比較適合中文的閱讀習慣呢？

諸如此類的歐化語法是許多譯文為人詬病之處，然而讀者長久以來似乎都習以為常，也不想被人認為自己在吹毛求疵。的確，像《落葉歸根》一書第73頁寫到「那個星期六，翻著我的成績卡，我忘了手腕上傷口的疼痛」，這句話就算改成比較適合中文閱讀習慣的「那個星期六，我翻著自己的成績卡，忘了手腕上傷口的疼痛」，真的會有人在意嗎？又如《大地》第146頁寫到「在田地和洪水的上空懸掛著月亮」，這句話就算改成「月亮高掛在田地和洪水之上的天空裡」，又真有那麼重要嗎？再如《蘇西的世界》第157頁寫到「如果多加注意，我一定看得出某些跡象」，這句話真的必須改成「如果我多加注意，一定看得出某些跡象」嗎？誰會在乎呢？

再拿《暮光之城》來做例子，第281、282頁寫到：

「他旁邊應該就是艾思密吧——這家人中我唯一沒看過的。和其他人一樣，她同樣有著蒼白美麗的體態，甜美的臉龐，波浪般的焦糖色秀髮，讓我想到默片時代電影中的純真少女。她很纖瘦，但不會骨瘦如材，比其

他人還要勻稱，身上穿的衣服是休閒大方的顏色和款式，和屋內的氣氛很搭配。」

且不論骨瘦如「柴」的錯誤，如果這段譯文改寫成下面這樣，是否會好一點？

「他旁邊的那位應該就是艾思蜜吧？——這家人中我唯一還沒見過的一個。她和其他人一樣有著蒼白美麗的體態，甜美的臉蛋，焦糖色的秀髮如波浪起伏，讓我想到默片中的純真少女。她身材纖細，卻非骨瘦如柴，比其他人還要勻稱些。她穿的衣服和款式都相當自在而大方，和屋裡的氣氛很搭配。」

又如第352頁寫到：

「我睡不著，哭紅的雙眼睜得大大的，直到黑夜過去，黎明出現，我們已經到達加州。灰色的光線從無雲的天際射下，讓我睜不開眼，但我不能閉上，只要一閉上，影像就鮮活地出現在腦中，像幻燈片一樣在眼底一張張播放著，讓人無法忍受：查理心碎的樣子，愛德華齜牙咧嘴的咆哮，羅絲莉怨恨的眼神，追蹤者渴望的表情，愛德華最後一次親吻我的絕望神態……我無法忍受看到那些畫面，所以我和我的疲倦奮鬥著。」

這段譯文如果改成下面這樣，讀起來是不是也會比較通順？

「我睡不著，睜著哭紅的眼睛，直到黑夜過去，黎明到來，我們也抵達加州。灰色的陽光在無雲的天空中閃爍，照得我睜不開眼，然而我不能閉上眼睛，只要一闔眼，鮮明的影像就出現在腦海裡，像幻燈片一樣在我眼前一張張地播放，讓人無法忍受：查理心碎的樣子，愛德華咬牙切齒的咆哮，羅絲莉充滿怨恨的眼神，追蹤者飢渴的表情，愛德華最後一次吻我的絕望神態……我不能忍受看到這些畫面，只好繼續和我的疲倦搏鬥。」

天底下的老王都以為自己賣的瓜滋味最好，所以這篇文章寫到這裡也該告一段落了。其實不管怎麼說，我自己以為當代文學作品的翻譯要求精進，譯者、編輯和校對的責任幾乎是各佔三分之一，譯者本身當然要有水準，然而監控這種水準的責任卻在於校對，最終負責把譯作完美呈現在讀者眼前的人則是編輯。譯者和校對本身的文字能力和文學素養當然要高，編輯則更需要精益求精，才能確保翻譯作品的真確、流暢和優美。像《雙

槍馬坤》這本書的中譯本相當流利，錯字卻很多，在第 11 頁至第 19 頁之間就有三個錯字，足以讓人棄書不顧。還有《牠》這本書因為內容極端疏漏而被迫重譯，當然是讀者熟知的例子。至於《撒冷地》有兩篇導讀，一篇後記，其中作者寫的兩篇文章提到了同一家出版社，竟然出現兩個完全不同的譯名。這三個例子都是譯者、校對和編輯所必須共同負起的責任，也是只看中文就可以發現的錯誤。

　　在此想追加一個建議：譯者和編輯在審核文學作品的翻譯時，不妨試著大聲朗讀，如果讀起來通順流利，一點也沒有彆扭繞口的感覺，那麼翻譯的文筆應該就能符合中文的閱讀習慣，也可以自然而然地表達出文字的情感和韻律。如果譯文讀起來有「坑坑疤疤」的感覺，讀者看不下去，一部好的文學作品可能就會這樣失去人心了，天底下至憾之事也莫過於此。

──原載於 2012 年二月二十五日

《手癢的譯者》

Do I Talk to Her?

Do I talk to her
Or wait for her to say hello
With that voice that tingles
Like a bell in the night?

Should I expect her smile
One that clears the winter rain
And brings the sunshine, and a rainbow
That strings together the colours of my life?

She walks pass me, and I know
I'll miss the chance to meet her eyes
Again, like two stars across the sky
Yearning for an embrace.

So I stand where I am, wondering
Will I see her again? Perhaps next time
I'll speak, trembling like a bird at the first snow
Who has just arrived home.

——原載於 2012 年十二月二十日

經典澳洲英文

今天下午特別熱，只好去冰箱找冰棒 (icy pole) 吃。這冰棒是檸檬汽水口味，在所有冰品甜點日漸漲價、豪華花俏的今天，依舊是簡單實在、物美價廉的好東西，因此所有的包裝材料都註明了這是「貨真價實」(fair dinkum) 的澳洲大眾產品。裝冰棒的紙盒上還特別寫了一串「經典澳洲英文」，讓人每一個字都看得懂，看完之後卻還是不知道這兩句話到底是什麼意思。以下是這段英文，請各界有興趣的讀者一起來參究：

So I'm standin' there in me BAG 'O' FRUIT fresh from STEAK 'N' KIDNEY ready to hit the FROG 'N' TOAD with the BILLY LIDS when me TROUBLE 'N' STRIFE starts givin' me lip about not having a DAD 'N' DAVE. Don't worry sez me China PLATE, ave a CAPTAIN COOK at ya NED KELLY hangin' out! I gave up, scoffed down a DOG'S EYE and head off down the RUBBITY DUB!

我自己看完這段英文之後頗有肅然起敬的感覺，不知道各位讀者意下如何？我上網查了許久，最後又抓了澳洲好友來問，這才慢慢弄懂這兩句話的意思。以下是簡單的解說：

Bag 'o' Fruit：一袋水果，也就是「西裝」(suit) 的意思，大概是澳洲人生性不羈，穿西裝的時候總覺得全身上下都是累贅。

Steak 'n' Kidney：牛肉與腰子派，也就是「雪梨」(Sydney)，想來澳洲鄉下人對如雪梨一般的大城市多有調侃之意。

Frog 'n' Toad：青蛙和蟾蜍，也就是「路」(road) 的意思，畢竟這兩種生物總是在路上跳。

Billy Lids：金屬罐茶壺的蓋子，也就是「小孩」(kids) 的意思。澳洲人的傳統是在野外露營或健行時都要拿金屬罐頭式的茶壺煮水，丟進幾片茶葉，稱之為 Billy Tea。這種茶壺在燒水沸騰的時候，金屬的壺蓋會因為蒸汽冒出而匡啷啷作響，就像吵吵鬧鬧的小孩一樣。

Trouble 'n' Strife：麻煩與困難，也就是「老婆」(wife) 的意思，這就

不必解釋了。

　　Dad 'n' Dave：爹地和大衛，也就是「剃鬍」(shave) 的意思。Dave 可以是任何一個男人的名字，凡是男人也都要刮鬍子。

　　China Plate：瓷盤子，也就是「伙伴、兄弟」(mate) 的意思。澳洲人喜歡稱兄道弟，平日的問候語往往只是一句簡單的 G'day, Mate!（老兄，你好！）

　　Captain Cook：庫克船長，也就是「四處看看或觀察」(look) 之意，大概是因為發現澳洲的庫克船長本身是個探險家吧。

　　Ned Kelly：奈德‧凱利，也就是「肚皮」(belly) 的意思。凱利是澳洲有名的綠林大盜，也許是因為他和同黨劫富濟貧，餵飽了許多窮人的肚子，才會和肚皮扯上關係。

　　Dog's Eye：狗眼，也就是「肉派」(pie) 的意思，通常以牛肉或羊肉為餡，配上俗稱「死馬」(dead horse) 的蕃茄醬，頗有一番特殊風味，也是著名的澳洲大眾食品。

　　Rubbity Dub：不知道是什麼意思，卻是「酒店」(pub) 的俗稱。澳洲每一個大城小鎮都有這種街角式的酒店，過去是男人們下班下工之後喝酒閒聊的場所，現在也經常是全家人出去吃頓飯的好地方。

　　所以這兩句話可以用「現代標準英文」這樣寫：

　　So I was standing there in my suit, fresh from Sydney, ready to hit the road with the kids, when my wife started complaining about me not having a shave. "Don't worry," said my mate. "Have a look at your belly hanging out!" I gave up, ate a meat pie and headed down the pub!（我剛從雪梨回來，穿著西裝站在那裡，準備帶孩子們出去逛逛，我老婆卻開始嘮叨我還沒有刮鬍子。「放輕鬆，」我朋友說。「光是看你那個挺出來的啤酒肚就好啦！」我投降了，隨便吞了一個肉派，就去街角的酒店喝啤酒了。）

　　而即使是這樣「翻譯」了，讀者還是可以發現許多字詞的用法不同，例如 me 是 my 的簡稱，hit the road 代表「上路」，giving me lip 表示「動嘴」，sez 是 says 的簡稱，ave 是 have 的簡稱，ya 是 your 的簡稱，

而整個敘述應該是過去式,卻簡單地使用了一半的現在式等等。這是澳洲日常英語的典型代表,不是缺乏學養或刻意犯錯,而是直接又方便、早已被大家接受的溝通方式,輕鬆而愜意。剛從國外抵達的觀光客,或是初來乍到的都市人,聽起來還真不習慣呢!

至於像上文那種,以「牛肉與腰子派」代替「雪梨」、以「狗眼加死馬」代表配蕃茄醬吃的肉派等用法,在英文裡有一個專門的名詞,叫做「同韻俚語」(rhyming slang)。由於這種俚語主要衍生於倫敦東區 (East End) 的方言,所以又叫做 Cockney rhyming slang(我當初還以為這 Cockney 是人名呢)。這種俚語把常用的單字用包含了(多半是)兩個字的詞彙取代,而這兩個字雖然和原本的單字押韻,整個新詞彙卻把單字原本的意義徹底省略掉,因此不熟悉這種俚語的人雖然聽懂了別人對話中的每一個字,卻根本就不知道大家在說什麼。

再舉出幾個常用的例子:「我上樓了」這句話可以說成 I'm going up the apples,也就是用「蘋果和梨」(apples and pears) 來取代「樓梯」(stairs),再把「梨」(pears) 省略。「用你的腦子想想」可以說成 use your loaf,這個詞衍生於「一條麵包」(loaf of bread),因為「麵包」(bread) 和「頭」(head) 兩字押韻。一般民眾甚至連名人的姓氏也拿來用在俚語裡,例如英國前首相湯尼・布萊爾的名字 Tony Blairs 變成「寬管褲」(flares),而又以 Tony 取代,例如 He's wearing a pair of Tonys。著名歌星布蘭妮・史皮爾斯 (Britney Spears) 變成「啤酒」(beers),例如 Let's get a round of Brineys。

說了這麼一大串,我想我最喜歡的例子還是上文舉出的 trouble and strife,男士們可不要輕易在太太們面前使用啊!

——原載於 2010 年十一月二十五日

妳她又何妨？

在〈創意與創作：所謂「狗屁的文化創意產業」〉（見本書第三部）這篇文章裡，我提到澳洲有一位語言學家在電視上開闢類似「說文解字」的單元，用平易近人的態度和語言介紹英語文化和文學的各種精闢典故，獲得了廣大觀眾的迴響，也是我每個星期必定要看的五分鐘電視節目。這星期，有一位觀眾寫了封信請教語言學家：英語裡的他 (he) 和她 (she) 分別起來實在麻煩，有沒有哪個代名詞 (pronoun) 可以同時涵蓋兩種性別，例如 Hse？

我當時立刻想到一般人常用的 s/he，然而電視上的語言學家笑了笑，不慌不忙地提出解釋：用英語代名詞的時候要明確指出性別，有時候確實是麻煩透頂。比方說，一般人在日常生活對話中強調「每個人都要獨立做好自己的事」，如果每次都得仔細說清楚「他」和「她」，就變成 He or she should do it on his or her own，實在是有些聱牙。

針對這個問題，一般的解決方式是採用複數代名詞的 they，因為是兩人以上的群體，所以不必特別指出性別，也就是 They should do it on their own。還有一種常用的解決方式是用複數代名詞形容單一的個體，也就是 Everyone should do it on their own，這種說法雖然有些令人困惑，卻絕對是合情合理的，也反映出代名詞本身在用法上的彈性。比方說，每個父親或母親都曾經耳提面命過自己的孩子，「叫你吃菠菜是為你好」，也就是 Spinach is good for you 的意思。在這句話中的 you 雖然指的是單數的個人，其意義卻涵蓋了複數的群體，也就是每一個人。這樣的用法，在莎士比亞 (William Shakespeare) 和珍・奧斯汀 (Jane Austen) 的作品裡都很常見。

至於第三種解決方式則是像這位觀眾所說的，發明一個新字，一個全新的代名詞，來涵蓋男女兩種性別。語言學家指出，從十八世紀以來，人們已經發明了大約八十多個奇奇怪怪的單字來作為這種全能的代名詞，其中包括 ne、ip、thon、E、zie、hiser、hesh、himmer、heer、le、lis、 lim、per 和上文所引用的 hse，還算是比較能見人的例子。在這其中有幾個字還算有點份量，因而得以跨入英語字典的門檻，然而只有 thon 這個字比較成功，偶爾還可以聽見有人在用，例如：Thon should do it on thon's own by thonself。讀者可以自己判斷，比較起這句話來，上文所說的「用複數代名詞形容單一個體」的做法真可算是太順耳了。

（有趣的是，澳洲人稱夾腳式拖鞋為 thongs，因此在上文這個使用 thon 的例子裡，我腦中老是出現一大群人穿著大拖鞋踢踢踏踏到處走的模樣，真可怕啊！）

這個語言學家的說明讓我想到許多年前讀過的一篇文章〈妳她又何妨〉，作者和出版刊物已經記不得了，只知道文章是在討論中文裡特別使用「妳」、「她」等字以突顯女性性別的必要性。（如果哪一位讀者知道這篇文章的出處，甚至有副本，請千萬要告訴我啊！）有時候想想，不禁覺得我們中文雖然有趣，卻也難學，比方說「他」、「她」、「它」、「牠」和「祂」五個代名詞各有所指，發音卻偏偏都一樣，比起英語裡的「他」(he) 和「祂」(He) 只靠大小寫分別，it 這個字又可以涵蓋「它」和「牠」兩種意義，顯然略遜一籌。

從另一個角度看，英語裡的 you 這個字可以是主詞或受詞，也包括單數和複數，只有討論到所有權的時候才冒出來 your 和 yours 這兩個字，雖然十分方便，卻不如中文只要在代名詞後面加上一個「的」，就可以從「你」變成「你的」，或從「你們」變成「你們的」。英語裡的 I、we、us、our 和 ours 也得努力記憶，不像中文那樣簡單地排列組合「我」、「們」和「的」三個字，就可以涵蓋這五個字的意思了。

我還是喜歡中文的「您」這個字，因為有心，所以表示尊敬，不管對方是男是女。至於莎士比亞時代的英語有 thou（主詞）、thy（所有詞）和 thee（受詞）的分別，也很週到，每次都讓我想到李奧納多・狄卡皮歐 (Leonardo DiCaprio) 在 1996 年的電影《羅蜜歐與茱麗葉》(Romeo + Juliet) 裡咬牙切齒說的那句 Drop thy sword!，決鬥的對方手裡拿的卻是槍，真是非常地後現代啊！

說到後現代，我的一位學電腦的朋友在讀了這篇文章後，頗有所感地

指出,隨著科技發展的日新月異,無論是中文和英文,「他」和「它」這兩個代名詞之間的界線都變得混淆不清。比方說,1999 年發行的《變人》(Bicentennial Man) 這部電影,由羅賓・威廉斯 (Robin Williams) 飾演的機器人在一百年之間逐漸把自己所有的組件換成人類器官,則「它」和「他」之間的分別究竟是什麼?又如 2001 年發行的《A.I. 人工智慧》(A.I. Artificial Intelligence) 這部電影,身為主角的機器人最渴望的就是像《木偶奇遇記》裡的皮諾丘 (Pinocchio) 那樣有生命,有自己的家庭和父母,有人真正地愛他,那麼「它」又得怎麼做,才能真正地變成「他」呢?

在男女平權的前提下,我倒是想到了當今日本有名的女性機器人 HRP-4C,身高一百五十八公分,體重四十三公斤,嬌美動人,在這次於橫濱舉辦的亞太經濟合作會議 (Asia-Pacific Economic Cooperation, APEC) 上,令包括美國歐巴馬總統在內的各國貴賓大開眼界。這個能像真人一樣唱歌跳舞、走伸展台的機器人,究竟應該稱為「它」還是「她」?有興趣的讀者也可以上網看看 HRP-4C 的歌舞表演,當真是誠懇實在,一點也不矯揉造作,給「機器人舞」下了嶄新的定義!

——原載於 2010 年十一月三十日

第二部：我思我感

《手癢的譯者》

玉米田裡的棒球賽

今天晚上看了《夢幻成真》(Field of Dreams) 這部電影，受到很大的感動。這部由凱文・科斯納 (Kevin Costner) 主演的電影於 1989 年發行，描述美國愛荷華州的一個農夫在自家的玉米田裡聽到一個神秘的聲音：「如果你建造它，他就會來。」(If You build it, he will come.) 他聽從這個聲音的指示而在玉米田裡建造了一座棒球場，結果許多當年因為各種因素而沒有能實現或完成棒球生涯的球員都出現了，在場上興高采烈地打棒球，儘管他們都已經不在人世。

我喜歡電影中那位農夫的傻勁，有一股鄉下農夫的純真和毅力。因為他建造了這座棒球場，一位當初極富盛名而如今自我放逐的名作家重新找回夢想和寫作的能力，一位一生只有機會打過一次棒球的醫生也獲得再次拾起球棒的機會，他更能和已經逝去的父親重逢，再打一次棒球，彌補自己多年以來背棄家庭的遺憾。更不用說是那許許多多曾經在棒球場上奔馳追逐的球員了，不管他們當年是老幼皆知的大明星，還是默默無名的業餘選手，他們都能重拾自己最拿手的運動項目，再次在四個壘包和內外野之間享受打球的愉悅，然後在棒球比賽之後走回玉米田中，消失無蹤。

電影中的農夫為了保存這個棒球場而幾乎傾家蕩產，然而這是他的夢想和執著，終究也贏得了他人的尊敬與支持。電影中的作家說得好：

「人們會來的。他們會因為自己也說不清的原因而到愛荷華來。他們會抵達你家的車道，完全搞不懂自己為什麼要這樣做。他們會像天真無知的孩子們一樣敲著你家的大門，只為了重溫舊夢。你會說，你們當然可以四處走走看看啦，一個人只收二十塊錢就好。他們會毫不思索地把錢包掏出來：因為他們有的是錢，欠缺的卻是內心的平靜。他們會到球場邊的許多排木製長椅那裡，在一個美麗的下午坐著乘涼。他們會發現自己早就訂好了緊靠球場白線的座位，他們當年還是孩子的時候曾經坐在那裡為自己的棒球明星歡呼加油。他們會看一場球賽，就好像找到了青春之泉。種種回憶會排山倒海而來，他們得像擦眼淚那樣把它們抹拭掉。

「人們會來的。多少年來唯一不變的真理就是棒球。美國一直不斷地在前進，彷彿是一整排壓路機。美國曾經像黑板那樣被擦掉，再度重建，然後再度被擦掉。然而棒球是時間的標記。這個棒球場，這項運動：這是我們的歷史的一部份。它提醒我們，所有曾經美好的事物都能再度發生。噢，人們會來的。他們一定會來。」

的確，《夢幻成真》這部電影的原著小說《沒鞋子的喬》(Shoeless Joe) 描述的正是幾位棒球明星的故事，作者 W.P.金賽拉 (W.P. Kinsella) 巧妙地結合了真實的歷史人物背景和自己對於這項美國運動的喜愛和憧憬，交織夢幻和寫實，創造出一段「與其說是關於棒球，不如說是關於夢想、神奇、人生、以及純粹是美國素質」的文學旅程。

小說中的主角從愛荷華州千里迢迢地開車到紐約市去尋找的孤僻作家原來是以《麥田捕手》(The Catcher in the Rye) 一書享譽美國文壇的 J.D.沙林傑 (J.D. Salinger)。倒不是沙林傑的這本書和棒球有多少關聯，而是這位作家似乎已經成為美國文壇的代表人物，這本書在許多論者和讀者心目中，也早已成為那種堅持傳統而帶點反叛、不忘在現實庸碌生活中保持純真無邪的美國精神的縮影。小說主角帶沙林傑去看棒球賽，又回到玉米田裡的棒球場，讓他終究能重拾對於生命的熱情動力，不再憤世嫉俗，正代表了這種美國精神的追尋和重生。

美國影劇學院 (American Film Institute) 於 2008 年選出十大電影類別中的十大傑出影片，在奇幻類 (fantasy) 電影中，《夢幻成真》名列第六，算是相當不錯的成績。我喜歡電影中各個主角在明明不可能發生的事情果真發生之後，那種又驚又喜而又坦然面對的表情，他們不浪費時間去探索這些事情為什麼、又如何能發生，而只是快快樂樂地享受那一瞬間的美好時光，更不去計較後來必須面對什麼樣的結果。我也喜歡電影中的農夫妻子，她雖然必須面對現實的壓迫，卻一心一意支持自己的丈夫追尋夢想，不笑他好高騖遠，更不以為他已經神智錯亂。

電影中的農夫一家三口從一開始就可以看見從玉米田走出來的眾多棒球選手，也自始至終在棒球場邊忠實地觀賞球賽，雀躍鼓舞，而當這些鬼魂再度離開時，他們更能高高興興地揮手說再見，報以由衷的祝福。也難

怪農夫在回頭看著自己的妻子和女兒在陽台上巧笑輕語的時候，會油然而生「這就是天堂」的感覺。

美國不是天堂，美國文化也有太多難分優劣的特色，這不容否認。然而我認為，至少就《夢幻成真》這部電影而言，美國人愛作夢、敢於實現夢想的特質，是值得欽佩的。我同時也想像棒球選手緊握球棒，「鏗！」地一聲把球打得又高又遠的那一瞬間，選手和觀眾的心神也隨之無限擴充到九霄雲外，那種自由無羈的豪爽感覺，對於極致成就的追求，應該就是運動的基本精神，即便是懶人外加運動白痴如我，也不禁心嚮往之了。

－－原載於 2010 年十二月七日

玉米之謎

　　因為看了《夢幻成真》(Field of Dreams) 這部電影而寫了〈玉米田裡的棒球賽〉這篇文章，其實我真正想寫的，還是我所知道的一系列和玉米有關的電影和文學作品。

　　玉米是人類最早栽種的作物之一，從史前時代中美洲 (Mesoamerica) 的阿茲特克人 (Aztecs) 和馬雅人 (Mayans) 開始，玉米生長的範圍慢慢地擴充至整個美洲，在歐洲人於十五和十六世紀抵達新大陸之後，又透過貿易而引進歐洲其他國家，乃至於擴展到全世界。（比方說，在 1995 年發行的動畫電影《風中奇緣》(Pocahontas) 中，英國探險家約翰・史密斯 (John Smith) 在 1607 年的北美洲遇到印第安人公主，自稱是為了追尋黃金而來，印第安公主遞給他一根玉米，說這就是本地人的黃金了。）

　　至 2009 年為止，美國依然是全世界玉米產值最高的國家，負擔了全球百分之四十的產量，涵蓋土地面積為三千五百萬公頃，約佔美國領土總面積的百分之三十七。也難怪有那麼多的美國作家和導演要在自己的作品中以玉米田為主要背景了。

　　玉米田面積極大，種植行列緊密，每株玉米可以長到將近三公尺高，平均每天可以增長三公分，因此玉米田本身可以是一座深不可測的綠色海洋，人一走進去就被吞沒，徹底消失了蹤影。（英語中的玉米除了 corn 之外，也可以寫成 maize，不知道和「迷宮」的 maze 有沒有關聯，因為玉米田本身就像一座巨大的綠色迷宮，讓人在其中迷失。）

　　早在 1959 年發行的驚悚電影《北西北》(North by Northwest) 中，大導演希區考克 (Alfred Hitchcock) 就安排了男主角被某神秘機構派來的飛機追擊，好不容易逃到玉米田裡躲避，又被飛機噴灑殺蟲劑而只得拼命竄出來。在 1988 年發行的科幻電影《X 檔案：征服未來》(The X-Files: Fight the Future) 裡，聯邦調查局探員穆德 (Mulder) 和史考利 (Scully) 在調查美國德州的一樁爆炸事件時闖入一座玉米田，結果被一大群經過基因改造的蜜蜂追擊，史考利甚至被螫傷而失去意識，被人綁架到南極去。

到了1989年發行的《夢幻成真》這部奇幻電影，玉米田變成陰陽兩界的通道，許多「壯志未酬身先死」的棒球員都去田裡的球場練習、比賽，實現當年未能完成的美夢。在2002年發行的《靈異象限》(Signs) 這部科幻電影中，玉米田裡的神秘圖案原來是外星人侵入地球的證據，男主角必須堅持自己的信念和戰鬥意志，才能保護自己的家人。

在1994年發行的電影《阿甘正傳》(Forrest Gump) 中，阿甘的好友珍妮還是小女孩的時候，經常跑出房子，躲在家後面的玉米田裡，以免被粗暴的父親欺侮。然而在2009年發行的電影《蘇西的世界》(The Lovely Bones) 中，十四歲的女孩蘇西卻是在玉米田裡被強暴、謀殺的，只不過當時是寒冷的冬天，田裡空無一物而荒涼，也許正因為如此，蘇西才無處逃避。原著小說中，蘇西的親朋好友在她死去一年之後到玉米田裡追悼，這一幕讀來頗令人心酸。

然而玉米田豐盛茂密、陰暗難測到不見天日的地步，能真正成為恐怖電影的主角，而不再只是場景之一，應該要感謝恐怖小說大師史蒂芬・金 (Stephen King)。他在1977年出版了短篇故事〈玉米田的孩子〉(Children of the Corn)，於1978年收錄在《玉米田的孩子》(Night Shift) 一書裡。在這個故事中，美國內布拉斯加州某個小鎮上的少年和孩童把玉米的歉收歸罪於成人們的罪惡，他們把玉米田裡的邪靈當成主宰，用成人們的鮮血去灌溉田裡貧瘠的土壤，讓玉米田再度肥沃起來。

《玉米田的孩子》於1984年改編成電影，還算轟動，之後又出了八部續集（包括錄影帶），一集比一集血腥，卻也一集比一集匪夷所思，令人失望。儘管如此，在金同樣於1978年出版的《末日逼近》(The Stand) 這部長篇小說裡，內布拉斯加州的玉米田再度成為罪惡溫床，爬滿老鼠、蟑螂，更有黃鼠狼、兀鷹和山獅等野獸出沒，邪惡的化身蘭道爾・富萊格 (Randall Flagg) 隱身在玉米田裡嘲弄著代表正義良善的艾比蓋爾媽媽 (Mother Abigail)，書中為文明一方奉獻的許多主角也經常夢見自己在黑暗的玉米田裡被某種不可知的恐怖力量追逐。這部小說於1994年改編成電視影集，製作得並不是很傑出，但是玉米田裡的那個邪惡尖笑的稻草人曾經嚇得許多人從沙發上跳起來，也算是一樁成就。

《手癢的譯者》

　　我最喜歡的一部把玉米當成主角的電影是 2004 年發行的《秘窗》(Secret Window)，改編自金於 1990 年出版的短篇故事〈秘密後窗，秘密花園〉(Secret Window, Secret Garden)，後者原本收錄在《午夜四點》(Four Past Midnight) 這本書裡。電影中的作家男主角由大明星強尼・戴普 (Johnny Depp) 飾演，在滑稽可笑之餘又顯露出相當的瘋狂詭異，其偏執狂的自得其樂令人不寒而慄，特別是在電影結束時，作家把妻子和她情人的屍體埋在後院的花園裡，又種上一批玉米，讓這成長速度驚人的植物慢慢消化他們的血肉，以為肥料。這樣的改編雖然和原著不同，卻也相當不錯，至少觀眾在看完電影之後還寒毛直豎，忘不了那青翠挺拔的一株株玉米。特別是作家興高采烈地一邊啃玉米、一邊文思泉湧的那一幕，堪稱傑作。

　　你也可以想到什麼以玉米為主角或主要場景的電影或文學作品嗎？何不在這裡提供給大家參考？

－－原載於 2010 年十二月十七日

如果沒有奇蹟

　　這篇文章的題目來自出版者週刊 (Publishers Weekly) 對約翰・葛里遜 (John Grisham) 的《逃離耶誕》（Skipping Christmas，2001 年出版）這部小說的評論：「即使葛里遜的這個耶誕故事聰明地展現了各種憤世嫉俗的譏諷，以及許多小地方的迷人之處，其無論如何也不像出版商所聲稱的，足以和（狄更斯的）《耶誕頌歌》（A Christmas Carol，或譯為『小氣財神』，1843 年出版）相比擬。這本書同樣也比不上葛里遜自己最好的作品。其基本前提很棒，這是讀者可以從葛里遜那裡期待的……然而這個設定雖然聰明，情節發展卻不怎麼樣。」

　　「幾乎所有的古典耶誕故事都依賴某種程度的奇幻因素，這是有原因的，因為至少從文學的角度來看，耶誕是個屬於奇蹟的節日。然而葛里遜描寫的是一般俗世，他的這個故事因此也缺乏魔力……這部短篇小說中的憤世嫉俗對某些讓人煩膩的耶誕故事而言是一種很好的解藥，這本書本身也極為有趣易讀。然而和狄更斯比起來……簡直就是班門弄斧了。」

　　我讀到這段評論的時候，正忙著準備過耶誕節，寄出好幾打的耶誕卡片，像過年那樣變出幾大桌好菜，計畫著哪一天有誰要來家裡吃飯，哪一天又得去誰家裡拜訪、捧場，然後便是佈置耶誕樹，買一大堆禮物回來在樹下堆著，還得一個個包裝起來，又得精打細算，不至於到最後落得個阮囊羞澀的下場。以我們這種將近四十人的大家族而言，耶誕節確實是個令人頭痛的節日。好不容易把節過完，還是有數不盡的煩惱：過節期間大吃大喝，從現在開始得努力減重了，新年的第一個新希望總是這樣，不禁覺得人生還真是無味啊。

　　我因此可以體會《逃離耶誕》書中那對夫婦的心情：女兒老遠地到秘魯去工作，他們一方面因為一家三口第一次不能共度耶誕而感傷，一方面又因為這一年不必花上幾千塊錢大肆慶祝耶誕而高興。正當他們慢慢適應不必購物、沒有耶誕樹、更不用準備耶誕派對的悠閒心境，乃至於興高采烈地訂票去加勒比海享受一個豪華郵輪假期時，鄰居們卻開始抱怨了：整

條街因為他們家的缺乏耶誕飾品而無法贏得社區舉辦的裝飾競賽大獎，當地的童子軍團埋怨他們不肯買耶誕樹，警察局因為他們不肯買特製募款的耶誕日曆而不高興，連文具店也因為他們不肯訂製耶誕卡片而憤怒。

　　正當這對夫婦努力想避免眾人的指責，並且急切地準備在耶誕節當天出發旅行時，他們的寶貝女兒卻在耶誕節前夕打電話回家，說是要帶秘魯男朋友回來拜見雙親，並讓他見識一下美國傳統耶誕慶典的盛況。這樣一來，這對夫婦只有幾小時的時間來裝飾屋裡屋外，籌畫耶誕派對，還得把期待已久的郵輪假期「慷慨」地轉讓給鄰居。逃離耶誕，顯然不是一個太棒的主意……

　　我有一位好友，當真是每到耶誕節就變得憤世嫉俗起來，因為要花的錢和心力太多，身邊的人卻總是出於各種原因而抱怨個沒完：禮物太貴或太便宜，派對食物太多或太少，假期太長或太短，電視上的特別節目太好看或太難看，乃至於耶誕老人到底是太慷慨或太吝嗇，讓孩子們把真正花錢買禮物的父母親都忘記了。耶誕節似乎就像過年一樣，近年來已經慢慢失去了那種神奇的魔力，那種讓人眼睛一亮的美好感受。難道人長大了，就一定會變得現實？

　　我想，這個問題的答案可以由著名的童書作家蘇斯博士 (Dr Seuss) 提供，他最引人入勝的作品之一便是《耶誕怪傑》（How the Grinch Stole Christmas，1957 年出版）。書中的鬼靈精格林奇 (Grinch) 以為人們沒有禮物就不能過耶誕節，殊不知無名鎮 (Whoville) 的所有居民即使窮到家徒四壁，也可以聚在一起歡唱耶誕頌歌而享受屬於這個節日的那種特有的奇蹟感受。耶誕是屬於心靈的節日，不管俗世再怎麼變化，只要有心，有意願去感受和追求，就可以有奇蹟。

　　"And the Grinch, with his Grinch-feet ice cold in the snow, stood puzzling and puzzling, how could it be so? It came without ribbons. It came without tags. It came without packages, boxes or bags. And he puzzled and puzzled 'till his puzzler was sore. Then the Grinch thought of something he hadn't before. What if Christmas, he thought, doesn't come from a store. What if Christmas, perhaps, means a little bit more."

《手癢的譯者》

ーー原載於2010年十二月三十一日

舞遍天涯

這篇文章的題目出於《毛澤東時代的最後舞者》(Mao's Last Dancer) 的簡體中文版（也有人譯成「舞遍全球」、「最後的舞者」或「最後的芭蕾」）。我記得自己當初讀到這本書的時候，頗以為中國的文匯出版社如果把書名直接從英文翻譯過來，一定通不過上級的出版計畫審查。後來這本書在台灣出繁體中文版的時候，被時報出版社改回正確的書名翻譯，值得讚許。事實上，這篇文章不是要再次評論這本書（見《部落格療法》一書第二部的〈毛澤東時代的最後舞者〉一文），而是想借用這個書名來說說令我印象深刻的許多部與舞蹈有關的電影。

首先要從 1992 年發行的《舞國英雄》(Strictly Ballroom) 說起。我最近有機會重看這部電影，雖然感覺起來像貝茲・勒爾曼 (Baz Luhrmann) 所導演的「紅幔三部曲」(Red Curtain Trilogy) 的後兩部電影（1996 年發行的《羅蜜歐與茱麗葉》(Romeo + Juliet) 和 2001 年發行的《紅磨坊》(Moulin Rouge!)）一樣純真傻氣，到結局的時候還是感動得熱淚盈眶。男主角一心只想擺脫傳統國際標準舞的禁錮而創造出嶄新的舞步，即使不能贏得大獎也心甘情願。他身邊的人（包括其母在內）都因為不敢突破傳統而終日生活在恐懼之中，生怕悖離所謂的「標準」而失去自己的既得地位和利益，殊不知「活在恐懼中的生命只算是活了一半」(A life lived in fear is a life half lived)，沒有靈魂的舞步也終究只是機器人的動作而已。（我個人比較喜歡男主角在教女主角跳倫巴 (rumba) 時說的那句話：「倫巴是愛的舞蹈。妳應該看著我，就像妳正在戀愛一樣。」(The rumba is the dance of love. Look at me like you're in love.) 多麼霸道帥氣！飾演男主角的保羅・麥丘里奧 (Paul Mecurio) 後來還為電影《機械公敵》(I, Robot) 擔任機器人的動作指導呢。）

電影中的舞蹈似乎總是代表了肉體和靈魂的雙重解放，不只是對於所謂「傳統」和「標準」的對抗與顛覆，更是一種脫離常軌、追求新意的表彰。早在 1985 年，電影《飛越蘇聯》(White Nights) 就深切闡述了這個道

理，尤其是前蘇聯的芭蕾舞者和美國踢踏舞者共同練習的那一段，一個優雅，一個瀟灑，令人心折，充份讓觀眾體會到「藝術無國界」的道理。從這個角度來看，2009 年發行的《毛澤東時代的最後舞者》就頗能掌握箇中精髓。1996 年發行的日本電影《談談情，跳跳舞》(Shall We Dance?) 敘述典型上班族在學習國際標準舞的過程中重拾人生樂趣，到了 2004 年，理察‧基爾 (Richard Gere) 在美國版本《談情共舞》裡重新詮釋這個角色，把平日受到壓抑的個人情感完全解放出來，再度對生命充滿信心。

　　電影中的舞蹈同時也是追求個人獨立自主的象徵，特別是年輕人渴望脫離父祖一輩的管束和教訓，以自己的方式成長，就算吃苦也在所不惜。例如 1977 年發行的《週末夜狂熱》(Saturday Night Fever)，約翰‧屈伏塔 (John Travolta) 飾演的小鎮青年面對現實生活的苦悶空虛，有志難伸，只好在夜總會裡瘋狂跳舞，成為眾人眼中的英雄。又例如 1984 年發行的《渾身是勁》(Footloose)，凱文‧貝肯 (Kevin Bacon) 飾演一個從芝加哥搬到鄉下小鎮的青年，因為鎮上的父執輩禁止舞蹈和搖滾樂而決心反叛，非促成高中畢業舞會的舉辦不可。（我每次看這部電影，都會想到 2006 年發行的《快樂腳》(Happy Feet) 裡大跳踢踏舞的蒙寶 (Mumble)，只是把當年英俊消瘦的貝肯和毛茸茸且稚拙有趣的帝王企鵝相比，未免有所不敬。）再如 1987 年發行的《熱舞十七》(Dirty Dancing)，電影中的乖乖牌富家女有心向派垂克‧史威茲 (Patrick Swayze) 飾演的專職舞者學習所謂的「辣身舞」，因此而見識到一般平民為生活奮鬥的苦辣辛酸，和上流社會的拘謹虛假有天壤之別。最後則是 2000 年發行的《舞動人生》(Billy Elliot)，出身社會底層的少年透過舞蹈來逃離生活中的貧困和暴力，更擺脫「男孩子不可學芭蕾」的偏執俗見，開創自己的一片天空。

　　電影中的舞蹈（尤其是芭蕾）更是個人追求成功和表現極致的代表，突破現有格局而創新，一步又一步朝著完美的目標推進，終於能明白自己的潛力無限，只要願意努力，就可以實現夢想。例如 1983 年發行的《閃舞》(Flashdance)，女主角是工廠裡的焊接技工，卻一心想進入芭蕾舞學院；又如 2001 年發行的《留住最後一支舞》（Save the Last Dance，或譯為「舞出一片天」），女主角從街舞中尋求靈感，創造出充滿新意的現代

芭蕾，最後終於能進入藝術學院。又如 2006 年發行的《舞出真我》（Step Up，或譯為「舞出我人生」或「舞力全開」）和《獨領風潮》(Take the Lead) 兩部電影屬於勵志類型，鼓勵自暴自棄的青少年透過舞蹈學習而實現自我，展露一己長才。至於 2008 年發行的《唯舞獨尊》（Make It Happen，或譯為「舞夢成真」、「舞所不能」或「辣舞激情」）安排女主角蘿倫 (Lauryn) 像《閃舞》中的艾莉克斯 (Alex) 那樣，在代表無奈和無情生活的脫衣舞俱樂部和象徵功成名就的芭蕾舞學院之間掙扎，充份體驗現實和夢想之間的差距，最後終於能以毅力和勇氣克服所有困難，順利成為舞者。

　　除了上述的各種「象徵」、「代表」和「表彰」之外，早期的歌舞電影純粹展現舞蹈的絕美魅力，用意不在於發人深省或誘人向善，只把舞蹈當成一種藝術來推崇。比方說，1937 年發行的《隨我婆娑》(Shall We Dance)，佛瑞德・阿斯泰爾 (Fred Astaire) 和琴吉・羅傑斯 (Ginger Rogers) 翩翩起舞的身影不知道風靡多少觀眾。1952 年發行的《雨中曲》（Singin' in the Rain，或譯為「萬花嬉春」）充份展現了號稱「舞王」的吉恩・凱利 (Gene Kelly) 的精湛舞技，我喜歡他在雨中頑皮地四處蹦跳、弄得水花四濺的那一景，更喜歡他在 1956 年的《萬里情天》(It's Always Fair Weather) 電影中穿著輪式冰鞋跳踢踏舞的模樣。（我每次欣賞《雨中曲》，都會想到 2005 年發行的《機器人歷險記》(Robots) 裡，由羅賓・威廉斯 (Robin Williams) 配音的機器人芬德 (Fender) 在談戀愛的時候跳了一段舞，頗有凱利的神髓，歌詞卻是「我在機油中歡唱」(singin' in the oil)，令人捧腹。）

　　迪斯奈的動畫電影最喜歡安排主角們唱歌跳舞，像 1940 年發行的《幻想曲》(Fantasia) 裡蹦蹦跳跳、互相禮敬的蘑菇，1967 年發行的《森林王子》(The Jungle Book) 裡瘋狂扭舞的猿猴，1971 年發行的《飛天萬能床》(Bedknobs and Broomsticks) 裡的倫敦多元文化舞蹈街景，1989 年發行的《小美人魚》(The Little Mermaid) 裡的萬魚鑽動，1991 年發行的《美女與野獸》(Beauty and the Beast) 裡的鍋碗瓢盆歡喜待客，1994 年發行的《獅子王》(The Lion King) 裡的各種野獸共舞討小獅王歡心，2002 年發

行的《星際寶貝》(Lilo & Stitch) 裡的小外星人模仿貓王，2008 年發行的《瓦力》（WALL-E，或譯為「機器人總動員」）裡的機器人在歌舞劇《哈囉，桃莉！》(Hello, Dolly!) 中發現靈感和人性等等，連 2010 年發行的《玩具總動員》第三集 (Toy Story 3) 裡的巴茲光年 (Buzz Lightyear) 和女牛仔傑西 (Jessie) 也不可免俗地在電影裡跳上一段舞，實在令人看不下去。最有趣的是 2007 年發行的《曼哈頓奇緣》(Enchanted)，安排了真人像動畫電影那樣動不動就歡唱起舞，令人雞皮疙瘩落一地。

　　我一向不喜歡 1971 年發行的歌舞片《火爆浪子》(Grease)，然而至少片中的屈伏塔和奧莉薇亞·紐頓·強 (Olivia Newton John) 都是極有才藝的明星，看起來不會讓人有彆扭的感覺。反觀理察·基爾在《談情共舞》中跳出興致來，凱瑟琳·席塔·瓊斯 (Catherine Zeta Jones) 似乎也在 1998 年發行的《蒙面俠蘇洛》(The Mask of Zorro) 裡的一場西班牙舞中過足了癮，兩人和瘦到皮包骨的芮妮·齊薇格 (Renee Zellweger) 於 2002 年共同演出歌舞片《芝加哥》(Chicago)，看了卻令人毛骨悚然。以扮演零零七情報員成名的皮爾斯·布洛斯南 (Pierce Brosnan) 和老牌巨星梅莉·史翠普 (Meryl Streep) 同樣也在 2008 年發行的歌舞片《媽媽咪呀！》(Mama Mia!) 裡圓了一場唱歌跳舞的美夢，觀眾在看完電影之後實在覺得手足無措，不知道是該拿椅子砸銀幕，還是感嘆兩位明星勇氣可嘉。

　　儘管如此，我喜歡電影中偶爾安排主角們跳一支舞，足以顯示他們特殊的性情風格。像艾爾·帕西諾 (Al Pacino) 在 1992 年發行的《女人香》(Scent of a Woman) 裡飾演一位退休上校，雖然目盲，卻能精確無礙地和美女跳探戈，令人欽佩。1993 年發行的《阿達一族》第二集 (Addams Family Values) 裡的古怪夫婦大跳探戈，熱情到地板著火、刀叉飛舞、乃至於所有香檳自動開瓶的地步，堪稱一絕。在 1994 年發行的《黑色追緝令》（Pulp Fiction，又譯為「危險人物」或「通俗小說」）裡，屈伏塔和烏瑪·瑟曼 (Uma Thurman) 盡興地跳了一場搖擺舞 (swing)，這卻是我自始至終看不懂的許多部電影之一。在 1994 年發行的《魔鬼大帝：真實謊言》(True Lies) 裡，慣當家庭主婦的潔美·李·寇蒂斯 (Jamie Lee Curtis) 如果不是被丈夫假扮的陌生人逼得跳了一場艷舞，也無法發掘自己擔任間

諜的本領。至於 2005 年發行的《史密斯任務》(Mr and Mrs Smith)，讓飾演暗殺特務的布萊德・彼特 (Brad Pitt) 和安潔莉娜・裘莉 (Angelina Jolie) 在一場探戈舞中彼此繳械，更使兩人在現實生活中真心相許，令人感到世事無常。

　　寫到這裡，這篇落落長的文章也該結束了。如果你也像我一樣，平日站坐跑走都可以見人，一旦跳起舞來卻變成三隻腳，又衷心嚮往舞蹈足以展現的力與美，那麼你也一定會喜歡和舞蹈有關的電影。在不久的將來，我們還會看見什麼精彩的舞蹈作品呢？

——原載於 2011 年一月四日

「虎媽」風波

　　最近幾天以來，華裔美國作家蔡美兒 (Amy Chua) 於一月十日出版的新書《虎媽戰歌》(Battle Hymn of the Tiger Mother) 引起極大的騷動，西方讀者批評這本回憶錄中敘述的華人父母教育子女的方式太過嚴苛，亞洲讀者也在閱讀有關媒體斷章取義的報導之後大加撻伐。（有趣的是，儘管許多亞洲讀者心中都同意這種「養不教，父之過，教不嚴還是父之惰」的管教方式，卻沒有人真正敢出面承認自己也是那「虎媽」式的父母。）

　　這些騷動源起《華爾街日報》 (Wall Street Journal) 於一月八日刊出的一篇書摘，然而我們不妨從一月十一日刊出的相關書評〈家庭真相，勇往直前〉(Home Truths, Marching On) 說起。這篇書評的作者是 All You 女性居家雜誌的編輯克萊兒・麥克修 (Clare McHugh)，她在書評中指出「教養子女的方式最能體現父母本身深切的信念」。一般人在社交談話時總會表現自由寬容的態度，在教養自家小孩（特別是「叛逆」的青少年）的時候卻不禁想把一己所有的人生「智慧」傾囊相授，而在孩子們不領情的時候惱羞成怒。

　　麥克修指出，《虎媽戰歌》這本書是蔡美兒的回憶錄，敘述的是作者自己試圖以「亞洲方式」(Asian Way) 教養孩子的心路歷程。蔡美兒的父母親是從菲律賓移民到美國的華人，父親蔡少棠是加州大學柏克萊分校電氣工程與計算機科學系的教授，以提出多項科技理論著名，蔡美兒自己是耶魯大學的法學教授，兩個女兒也是極為優秀的人才，一家人充份符合了所謂「模範少數民族」(Model Minority) 的刻板印象。

　　然而蔡美兒在《虎媽戰歌》書中寫道：「華人父母是無比寂寞的——特別是你想在西方社會裡教養出東方式的子女，你只能獨力支撐。你必須對抗整個完全不同的價值系統——這是一個奠基於啟迪教化、個人自主、兒童發展理論和世界人權宣言的價值系統。」她描述自己如何管教兩個女兒：不准和同學出去玩或在同學家過夜，不准看電視或玩電腦遊戲，必須學中文，在學校裡每一科的學習成績都必須是優等（除了美術和體育）。

她不願意見到自己的孩子在美國富裕的環境中成長為嬌弱寵溺的青少年，因此要求她們幫忙做家事。她不許孩子們有任何不尊敬父母的行為，並且在她們犯錯的時候予以嚴厲斥責。

身為母親，蔡美兒認為大部份的課外活動都是浪費時間，只除了音樂的學習。她選擇讓大女兒學鋼琴，小女兒學小提琴，其他樂器都不准碰，並且極為嚴苛地管制她們的學習方式和進度。相對之下，她對家中兩隻狗的態度還比較友善：「我不要求牠們任何事，或是牠們的未來。大部份的時間，我都信任牠們有能力為自己做出正確的抉擇。我總是期盼和牠們在一起，更愛看牠們睡覺的模樣。這真是一個美好的關係。」

麥克修強調了蔡美兒在《虎媽戰歌》一書中坦誠而無比自嘲的口吻。的確，蔡美兒的小女兒在十三歲的時候終於決定反叛，在一家人去莫斯科旅行時發飆，像「典型」的美國青少年一樣在大庭廣眾之下丟碗擲杯，口出穢言。在這令人震驚的事件之後，蔡美兒終於明白自己教養孩子的方式必須改變，做父母的必須給子女適當的尊重和信任。她在書中誠實更誠懇地寫下這一切，希望給其他在西方社會中掙扎立足而盼望子女成龍成鳳的亞洲父母們一個警惕，也給西方讀者一個機會，去了解亞洲父母們在異國生存所面臨的困境。

這篇書評是中肯且合理的。僅僅由麥克修的評語看來，《虎媽戰歌》也是一本極有趣的書，值得亞洲和西方的讀者共同體會。然而《華爾街日報》於一月八日事先摘錄了這本書的片段給讀者欣賞，這雖然是這份刊物的慣例，讓廣大讀者能一窺新書風貌，卻因此而掀起漫天風波。這篇摘錄被該刊取名為「為什麼華人母親比較優越」(Why Chinese Mothers are Superior)，內容包括《虎媽戰歌》第一章、第六章、第十章和第十一章的部份內容。（我百分之百確定，因為我買了這本書的電子版本，對照檢查了每一個章節段落。）從《華爾街日報》編輯的角度看來，他們的摘錄充份表現出這本書的「精華」，然而從讀者的角度看來，他們在這篇摘錄中讀到各種令他們毛骨悚然的教養方式，進一步認為這本書全部的內容都在頌揚「華人父母」殘忍嚴厲而不足為外人道的育兒經，因而大加批評。

《華爾街日報》在接下來的幾天之中刊登了西方各界讀者的評論，更

多的書評，以及作者蔡美兒本身的「答辯」，值得一讀。然而不幸的是，太多西方讀者和論者只憑著《華爾街日報》對《虎媽戰歌》的片段摘錄而對這本書建立了深厚的偏見，在批評得興高采烈之餘，卻不肯以公平公正的角度去真正地了解這本書到底在寫什麼。

更糟糕的是，這一陣風波經過亞洲媒體的報導而傳到了台灣和大陸，至少以台灣而言，讀者們接收的已經是第三手、第四手、甚至第十手的資訊和謠言，同時因為粗劣的文字翻譯和記者斷章取義的描述與評論，使這本書成為許多台灣讀者心中的劣品——儘管他們連《華爾街日報》最初的摘錄都沒看過，更不用說是真正讀過這本書了。

這是一個作家可能必須面對的最悲慘的處境：在出書之前就被斷章取義，被讀者和論者批評得一文不值，更因為媒體的以訛傳訛而導致讀者普遍對作家的作品採取負面看法。作家如果出言辯駁，便會被批評為「有意造勢」；作家如果沉默以對，便會被指稱為「默認」，書的銷售量自然也受到影響。以台灣讀者而言，儘管《虎媽戰歌》是蔡美兒個人的回憶錄，描述了她在美國成長、成家的心路歷程，其中頗有滄桑，讀者們卻可能永遠也不會認識到這本書深沉的一面，而只將其定類為「暴露家醜」之作，甚至放言批評這華人作家一定「心理有問題」，才會把自己「瘋狂殘忍」的教養方式公諸於西方世界。

這裡有一個很好的例子。某位網路代號為「灰鷹」的網友於一月十七日在其噗浪 (Plurk) 社交網頁上發表了一句話：「誰來拿這種『恐怖馭兒法』寫個驚悚小說吧。」此位網友並且引用《星洲日報》於一月十二日刊出的報導〈美國　列管教孩子「十大不准」　中美媽咪爆育兒論戰〉，只集中在引述「耶魯大學華裔女教授蔡美兒管教女兒的『十大不准』規條」這部份，而完全沒有對《虎媽戰歌》這本書進行任何妥切的介紹。結果，此位網友的這句話一經刊出，各界讀者便紛紛響應，以下是幾項比較「驚人」的評論：

「那個老母根本有病啊。來寫一本《教你老母》好了。」

「小孩的心理會扭曲，長大以後用同樣的方式對待自己的小孩，然後無限迴圈。」

《手癢的譯者》

「她女兒要不是變成一個只會聽別人的話做事,沒有自己意見的人,再不然就是哪一天受不了而爆炸吧。」

「能夠演奏曲子又怎樣?成功演奏曲子,然後長大把父母當仇人?」

「這樣教出來的是機器吧。應該可以聽得出音樂中的仇恨。」

「小女孩長大後演奏出能用音樂殺人的死亡樂曲!最拿手曲目是黑色星期天。」

「看到後續報導說二女兒出現叛逆情緒,這個似乎才是寫書動機。」

「果然是要賣書啊。」

「那,怪她行銷不好吧,看簡介就不想買。」

「『蔡美兒似乎吸收了美國父母的一些本事,例如學到高級階層無止無休的欲望,不斷想壓倒其他高階層的父母。媽咪得意地說:這是中國媽媽的共同美德。』這段寫得不錯。」(註:這位讀者引用的是「世界新聞網」北美華文新聞的一篇報導。)

「我有親戚就是奉行這種教育法,後來所有小孩都當上醫師。」

「難怪現在的醫生很多都沒有醫德。」

「感覺這種教法教得出建中北一女的學生,但是教不出全國第一名。剝奪小孩自主管理的訓練機會。」

「只能說就是照模型長的樹,美則美矣,但不是每個人都欣賞。」

「我看新聞也是覺得這媽媽不正常。」

且不論各界讀者對諸如此類教養方式的看法,而忽略《虎媽戰歌》作者蔡美兒十多年來的心路歷程和終極省悟,即便是上述批評此類教養方式為「恐怖馭兒法」的網友和其相應者,有沒有試著真正去了解這位母親的原始動機和背景?與其把這本書當成所謂的「育兒經」,不如切實接受其作為「回憶錄」的本質,其訴說的是華人家庭在西方社會試圖生存成長的酸甜苦辣,而不是有心炫耀,自我標榜,甚至貶低他人。這本書中自始至終的自嘲口吻,以及作者的坦誠無欺,究竟有沒有人願意或有機會了解,進而報以基本的尊重?還是大家都只是以偏概全地注意到作者在多年前對女兒斥罵過、如今也真心懺悔過的幾句話?要做一個寫作的人,被讀者和論者接受,真的有那麼難嗎?

《手癢的譯者》

――原載於 2011 年一月十七日

《手癢的譯者》

給譚光磊先生的道歉信：「虎媽」風波後續

本人孫運瑜，網路代號「向日葵」，謹在此就以下事宜向知名獨立版權代理人譚光磊先生公開道歉。

本人於 2011 年一月十七日讀到譚光磊先生以網路代號「灰鷹」在社交網站噗浪 (Plurk) 上發表的一句話：「誰來拿這種『恐怖馭兒法』寫個驚悚小說吧。」針對「恐怖馭兒法」一詞，譚先生引用了《星洲日報》於 2011 年一月十二日的報導〈美國 列管教孩子「十大不准」 中美媽咪爆育兒論戰〉，該篇報導沒有作者署名，為徵公信，謹在此錄全文如下：

「（美國華盛頓十二日訊）美國最近爆發一場『中美育兒論戰』！

「一名耶魯大學華裔女教授蔡美兒，日前在《華爾街日報》發表名為〈中國母親何以更優越〉的文章，詳列自己管教兩名女兒的『十大不准』規定，闡述了中國媽媽的管教方式何以能比西方媽媽教育出更多成功的孩子，文章旋即引爆中美育兒論戰，有母親認同東方式兒童教育，但也有人認為這對兒童來講『太恐怖了』。

「蔡美兒在文章中表示，比起西方家庭，中國家庭能夠教養出這麼多數學、小提琴或鋼琴奇才，順利進入常春藤或其他頂尖名校。

「她指出，中國父母『成功』的三大因素是：不理會孩子的自尊心；認定孩子必須孝順父母；堅信小孩子不懂事，需要父母指引。

「她稱，中國父母可能做出西方人無法想像的事情，並列出她教育兩名女兒的『十大不准』，包括不准有功課拿不到 A，不准學習鋼琴或小提琴以外的樂器等。

「她以自己如何成功令女兒用鋼琴彈奏一首難度頗高的曲子為例，當女兒練習一週後放棄，更發脾氣撕破曲譜，蔡美兒揚言丟掉她的玩具，不准開生日派對，甚至和丈夫口角。

「在整晚的強迫練習中，她不准女兒離開鋼琴半步，甚至不准喝水。最後女兒成功彈奏曲子。

「文章在短短兩天內便吸引逾兩千人回應，還有八萬五千人把它與臉書連結。雖然很多人對蔡美兒的做法感到震驚和難以置信，但讀者投票卻有百分之六十認同嚴厲的東方教育方式。

「耶魯大學華裔女教授蔡美兒管教女兒的『十大不准』規條：不准在外過夜；不准有玩伴；不准參與校園話劇；不准投訴不能參與校園話劇；不准看電視或玩電腦遊戲；不准自己挑選課外活動；不准有任何科目低於A級；除了體育和美術外，其他科目不准拿不到第一；不准玩鋼琴及小提琴以外的樂器；不准不練習鋼琴及小提琴。」

以上是《星洲日報》報導全文，然而報導不符事實之處有四。第一，蔡美兒並沒有以〈中國母親何以更優越〉為題而在《華爾街日報》(The Wall Street Journal) 上發表文章；事實上，該文只是《華爾街日報》對蔡美兒所著的《虎媽戰歌》(Battle Hymn of the Tiger Mother) 一書的選錄(excerpt)。（詳情是，這是對於該書第一章、第六章、第十章及第十一章部份內容之斷章取義式的摘錄，因此在相當大的程度上扭曲了蔡美兒寫作全書的原意。）

第二，《星洲日報》的報導對於《華爾街日報》的書摘同樣也採取了斷章取義的報導方式，在將長達兩千五百個英文字的書摘濃縮為七百個中文字報導的過程中，相當大程度地扭曲了這篇英文書摘的原意，例如蔡美兒對於「成功」一詞所用的英文其實是帶有反諷意味的 stereotypically successful，在英文文字中也一再以嘲諷的口吻說明了許多華人父母（包括其自己）自以為是的心態。

第三，《星洲日報》的報導描述蔡美兒如何逼迫女兒練習鋼琴，卻完全沒有提到在《華爾街日報》的這篇書摘中，蔡美兒的女兒在終於發現自己能成功彈奏這首難度頗高的曲子時，那種又驚又喜、又為自己感到驕傲的心理，更沒有提到當天晚上母女兩人相擁而眠，互相取笑，更互相打氣的那種溫馨。

第四，《星洲日報》的報導在翻譯《華爾街日報》的書摘部份內容時有失嚴謹，例如「十大不准」規條的第二條「不准有玩伴」，事實上應該

是「不准和別人相約出去玩」(no playdate)；蔡美兒的英文文字中也從來沒有出現「數學、小提琴或鋼琴奇才，順利進入常春藤或其他頂尖名校」等字樣。

　　如上所述，《星洲日報》的報導有各種不符事實之情事。儘管如此，譚先生在完全不知道此篇報導不符事實的情況下，僅就「十大不准」規條的內容加以評論，提出「恐怖馭兒法」的形容，並指出其足以成為撰寫「驚悚小說」的靈感。結果是，譚先生的這句話在噗浪登出後，立刻引起各界讀者的迴響，首先便有人指出「那個老母根本有病啊」、「來寫一本《教你老母》好了」等指控，然後是「能夠演奏曲子又怎樣？成功演奏曲子，然後長大把父母當仇人？」、「這樣教出來的是機器吧。應該可以聽得出音樂中的仇恨」的臆測，再來則是譚先生自己發言的「小女孩長大後演奏出能用音樂殺人的死亡樂曲！最拿手曲目是黑色星期天」的譏諷，之後更有讀者批評蔡美兒的寫書動機和行銷手法，例如「果然是要賣書啊」和「怪她行銷不好吧，看簡介就不想買」，進一步引用「世界新聞網」北美華人新聞的〈沒成數學天才・中國媽媽害的〉一文的負面批評（不能算是報導），如「蔡美兒似乎吸收了美國父母的一些本事，例如學到高級階層無止無休的欲望，不斷地想壓倒其他高階層的父母。媽咪得意地說：這是中國媽媽的共同美德」等，最後則以「這媽媽不正常」之控訴終結。這是我在〈「虎媽」風波〉一文中引用的噗浪內容，在此之後還有更多讀者針對蔡美兒之為母親和作者而進行負面批評。

　　我寫作〈「虎媽」風波〉一文的動機，在於討論「作家所能面對的最悲慘的處境」即為「在出書之前就被斷章取義，被讀者和論者批評得一文不值，更因為媒體的以訛傳訛而導致讀者普遍對作家的作品採取負面看法」。今天譚先生這句「誰來拿這種『恐怖馭兒法』寫個驚悚小說吧」雖然只是在不知事情來龍去脈的情況下所無心發表的一句玩笑式負面評論，卻引起了某些讀者如此熱切的響應；譚先生本身只針對蔡美兒（過去）教養女兒的方式進行了負面評論，其他讀者卻對蔡美兒本身之為母親和作者進行侮蔑，則不但對她的人格和名譽造成損害，更影響到其作品的名聲和銷售潛力。

我覺得這整件事值得警惕，所以撰文提出針砭。我以為越是像譚先生這種有學識、有名望的人，在網路公開發言的時候越應該小心謹慎，這是因為一句玩笑話可以產生無窮無止的漣漪，譚先生當時不知情更無心，在眾星拱月的效應下卻足以過殺蔡美兒的這本書在台灣的出版前途。這不是譚先生的錯，然而譚先生卻必須體會到他的每一句公開言論所可能對一般讀者、論者和出版社所造成的影響，因而在發言時必須特別謹慎。

儘管如此，在撰文針砭的過程中，僅就譚先生本人而言，我犯了以下兩項錯誤，以至於造成譚先生的「遺憾和無奈」。

我的錯誤之一：我在引用譚先生於噗浪社交網站上發表的言論時，不應該直接指出譚先生的大名，而應該只列出譚先生的網路代號「灰鷹」。透過這種不當作法，我侵犯到了譚先生的隱私權。

我的錯誤之二：我在撰文時寫道，譚先生進一步「引用《星洲日報》於一月十二日刊出的報導〈美國　列管教孩子「十大不准」　中美媽咪爆育兒論戰〉，只集中在引述『耶魯大學華裔女教授蔡美兒管教女兒的「十大不准」規條』這部份，而完全沒有對《虎媽戰歌》這本書進行任何妥切的介紹。這段話含意籠統，有失偏頗，以至於造成「譚先生只集中引述報導某部份而沒有妥切介紹這本書」的錯誤印象。透過這種不當作法，我嚴重誤解了譚先生單純針對蔡美兒教養女兒的方式進行負面評論的本意。

針對我犯的這兩項錯誤，謹在這裡向譚先生公開而全面地道歉。我同時也會就這兩項錯誤而修改〈「虎媽」風波〉一文，並加入道歉啟事和相關解釋，以為我犯過錯誤的證據，並對今後的自己和其他讀者產生警惕。

這封公開道歉信同時將以書面形式寄一封給譚先生，信中有我的簽名蓋章，以便譚先生日後如果要針對我的錯誤採取法律行動，可以此信為憑證，我也願意出庭作證，承認錯誤，並對譚先生因為此事所承受的精神損失進行賠償。

此致各界讀者，以為公證。

孫運瑜（簽章），網路代號「向日葵」敬上

後記：譚先生於 2011 年一月十七日在噗浪發表上述「誰來拿這種『恐

怖馭兒法』寫個驚悚小說吧」的句子，我的〈「虎媽」風波〉一文同樣於十七日寫成，在刊登於部落格的時候同時以電子郵件的形式給譚先生寄了一個副本。譚先生於十八日以電子郵件回覆，表達了對我上述所犯兩項錯誤的「遺憾和無奈」，我立即又寫了一封電子郵件給譚先生，表達我的初衷，並向他致歉，之後再沒有接到譚先生的回應。

與此同時，噗浪上的發言還在繼續進行，各發言人彼此之間的爭辯也越演越烈，其中也包括了我自己的發言。到了十八日傍晚，譚先生把整個噗浪網頁刪除。幸好網友「同樣看過那噗的人」於一月十九日兩度指出該網頁存有備份，如果譚先生日後決定針對我就此事所犯的兩項錯誤提出起訴，法庭可以從網友「同樣看過那噗的人」開始，要求相關人士提出這個網頁備份，以為參考憑據。

在此封公開道歉信撰寫的同時，我又發現一位網路代號「灰鷹」的網友於一月十九日在噗浪上針對「虎媽」蔡美兒發表了後續評論，大意為蔡美兒的先生傑德・魯本菲爾德 (Jed Rubenfeld) 原來是《謀殺的解析》(The Interpretation of Murder) 一書的作者，因此產生了果然有人因為蔡美兒的「恐怖馭兒法」而寫出驚悚小說的感想。

經查蔡美兒書中描述自己採用「十大不准」規條的經過是在其二女兒十三歲、也就是 2009 年之前，《虎媽戰歌》的出版日期則是 2011 年一月十一日。其夫《謀殺的解析》一書的出版日期則是 2006 年九月五日。

與此同時，根據維基百科的介紹和文學評論者布倫妲・海登菲德 (Brenda Hadenfeldt) 對《謀殺的解析》一書的了解，魯本菲爾德是耶魯大學的法學教授和憲法專家，畢業於普林斯頓大學和哈佛大學法學院，並曾在茱莉亞德學院 (Juilliard) 修習戲劇，對莎士比亞的作品有相當研究，在普林斯頓大學寫的博士論文則是關於心理學大師佛洛伊德。

《謀殺的解析》一書主要由第一人稱敘事觀點寫成，描述佛洛伊德於 1909 年訪問美國紐約市，該市剛好發生一件神秘案子，受害人是兩位年輕美麗的富家女，第一位已死，第二位雖然存活，卻因為心神受到極度震盪而記憶一片空白。當時在紐約負責接待佛洛伊德的心理學家史川森・楊格 (Stratham Younger) 因而捲入此案的調查過程，期間接觸到該市富裕的上

流社會，美麗而有如一個謎的女病人，佛洛伊德和另一位著名心理學大師榮格之間的糾紛，對於佛洛伊德心理學理論的反駁和顛覆陰謀，紐約市警方的貪污腐敗，紐約市中國城的崛起，曼哈頓大橋的興建，甚至他自己還在成形的、對於莎士比亞作品中的哈姆雷特的動機的觀感。

根據上述各項介紹，不知道網友「灰鷹」如何能認為魯本菲爾德寫作《謀殺的解析》一書的靈感和動機竟然和他妻子蔡美兒的「恐怖馭兒法」產生直接關聯？甚至以「果然有人去寫驚悚小說了」的肯定語氣形容？一位作家的創作動機和心路歷程豈是外人所能隨便猜測、斷言？如果硬要這樣把魯本菲爾德的作品強壓到其妻子的行為影響之下，那麼魯本菲爾德即將於明天（2011 年一月二十日）出版的 The Death Instinct（暫譯為「死亡本能」），書中背景為 1920 年紐約市華爾街的爆炸案，也就是「1995 年奧克拉荷馬市爆炸案之前，美國有史以來造成死傷最慘重的恐怖份子行動」，則網友「灰鷹」又能如何擅自猜測、斷言這部作品和蔡美兒的「恐怖馭兒法」有任何關聯？就因為蔡美兒當年曾經採用過、後來也深刻省思改進過的「恐怖馭兒法」不被許多人認同，因此而輕易地對她的人和書產生負面看法，則如網友「灰鷹」一類的人想來也會順便、方便地否定其夫魯本菲爾德的兩本書吧？我所謂的「作家所能面對的最悲慘的處境」莫過於此。

——原載於 2011 年一月十九日

從「保庇」到英式「寶萊塢」

　　最近有這份榮幸在網上欣賞了王彩樺女士的新曲〈保庇〉，在感覺驚異、真摯之餘，更有一種說不出的溫馨。我不能說自己是道地的台灣人，對於傳統和當代台灣文化的認識也相當膚淺，然而我覺得在聽覺和視覺兩方面，這首歌給人的印象不只是所謂的「台灣味」，更包含了一種屬於台灣特有的活力。

　　王彩樺女士的人生故事令人感動，可能也有讀者因此而產生悲歌式的感傷情懷，回味當年境遇難堪的小人物如今也能苦盡甘來。人生只要努力奮鬥，永不放棄，心存感恩，終究會有成功的一天，證明了老天有眼，所謂「人的運途初步是注定，凡事就來詳細照步走，相信運命愛靠自己拼，會呼咱成功」是也。

　　這種感想或許會被譏為「俗套」或「簡單」，然而仔細想想，我以為這便是傳統台灣文化的本質，也就是一種單純而濃郁的信念，認為「人在做，天在看」，如果人不努力打拼，便是浪擲了老天爺的眷顧。也許有人會批評，當代台灣文化在橫流物欲的沖激之下似乎喪失了這份忠厚老實，以至於人人向錢看，自尊最重要，他人可以成為我的踏腳石，只要我自己能登上天梯即可。儘管這種批評有其背景，也不能被完全否定，我卻以為物質文化的追求終究不能泯滅精神文化的根本。台灣人不管多有錢，始終不敢忘記老天爺，因此也不能忘記自己的根源。

　　與此同時，當代的台灣是一個多元文化的社會，面對來自其他亞洲國家的文化衝擊，〈保庇〉不但是台灣文化針對外來文化的反饋（不能說反擊），更是一種接受和融合。過去經常有人討論中西文化交流的優缺點，到了二十世紀末期，藝術界、文化界和學術界卻開始分析、探討亞洲內部多種文化的互動，也就是所謂的「亞洲內文化研究」(Inter-Asia Cultural Studies)。這是全球各個多元文化社會所無法避免或抗拒的趨勢：資本和人力的交流必定造成文化的互相影響與進退，以單一社會而言固然有得也有失，從多元文化社會的角度來看，卻必定有豐富的收穫。

比方說，近日我在觀賞〈保庇〉錄像的時候，不知道為什麼，一再想到英國導演古蘭達‧錢達哈 (Gurinder Chadha) 的兩部著名電影：2002年發行的《我愛貝克漢》(Bend It Like Beckham) 和 2004 年發行的《新娘與偏見》(Bride and Prejudice)。

錢達哈出生於非洲的肯亞，是東非洲的少數印度移民後裔之一，她在兩歲的時候（1962年）和家人移民到英國倫敦，在成長過程中受過廣播新聞、電視和電影工作的訓練。她的藝術作品經常探討移民在兩種文化之間生存的體驗，例如 1989 年發行的記錄片《我是英國人，但是……》(I'm British But...) 就呈現出亞裔英國居民的各種面貌。她的首部電影《天作之合》(Nice Arrangement) 長度只有十一分鐘，主題是一樁亞裔英式婚姻。

《我愛貝克漢》和《新娘與偏見》都探討了文化交流的本質，特別是背景完全不同的傳統家庭因為各種交流（例如戀愛與婚姻）而產生的互動和對於彼此的影響。《我愛貝克漢》的主角是在英國長大的印度裔少女，《新娘與偏見》的主角則是在印度出生長大、受過現代西方式教育的年輕女性，兩者都深切感受到母親運用（或者該說是濫用？）傳統印度文化所施加的壓力，也就是女性對於婚姻的「宿命」和「責任」；兩者卻也都有思想開明的父親，願意讓她們做自己的決定，對自己的人生負責。

或許有人以為這兩部電影中的傳統壓力都來自母親，在某種程度上象徵了移民對於母國文化的難以割捨，以及母國文化對於移民（特別是在心理上）的深刻影響和控制。的確，許多移民家庭在日常家居方面的主導力量其實來自於一天到晚待在家裡相夫教子的母親，父親則必須出外工作賺錢，因此有無數機會面對、適應來自所在國主流文化的各種衝擊和要求，多少會培養出截然不同的眼界和人生觀。

正因為如此，我以為錢達哈在藝術作品中一貫關切的家庭主題，正是她探討移民文化和主流文化互動交融的主要管道。我同時以為，錢達哈在《我愛貝克漢》和《新娘與偏見》兩部電影中大量使用的鮮豔色彩、動感音樂、彈性剪接、以及令人在會心一笑之後又能進行省思的深刻幽默，更足以展現英國這個多元文化社會的活力。這是一種單一文化社會所無法體驗或了解的活力，奠基於主流文化和移民文化的徹底融合，或者應該說是

這兩種文化對於彼此之間終究能徹底融合的期許和肯定。主流文化吸收了移民文化的優點而能精益求精，移民文化也能自信、自主地為貢獻於主流文化的長足發展而盡心盡力。

那麼這一套長篇大論究竟和王彩樺女士的〈保庇〉有多少關聯呢？也許可以這樣說：在觀賞《我愛貝克漢》和《新娘與偏見》裡五光十色、動感十足的寶萊塢歌舞時，我一直想到〈保庇〉錄像中，那些跳跳蹦蹦、活潑討喜的三太子。當代台灣人對於傳統神明的敬畏已經轉變成歡唱共舞的友誼，當代的台灣多元文化社會更有誠意和能力去吸收各種外來文化，並從中汲取精髓，轉化成自己成長茁壯的動力。這是台灣人的自信，也是台灣人的活力。這種自信和活力，正是台灣人對自己的保庇。

——原載於 2011 年一月二十五日

最悲傷的童書

澳洲作家布萊思・寇特內 (Bryce Courtenay) 的《愚人節說再見》(April Fool's Day) 是我從來沒讀完的一本書，僅僅在第一章讀到一半的時候就淚流滿面，心痛無比，最後不得不把書放下，束諸高閣，再也不去碰它。美國作家艾莉絲・希柏德 (Alice Sebold) 的《蘇西的世界》(The Lovely Bones) 也讓我哭了好多次，最後雖然讀完全書，整個人卻因此而悲傷了好多天。

有人說文學的功用在於昇華人類的感情，因此而使讀者的心靈得到解放。我想，一個讀者如果在心情沉重時正好讀到一本悲傷的文學作品，受到書中文字的激發而能放聲大哭或暗自飲泣，把心中的哀痛釋放出來，則也是好的。畢竟，現代人能自由自在掉眼淚的機會真是越來越少了。

年幼的孩子們當然也會悲傷。儘管這些小人兒的嚎啕大哭、搥胸頓足多少是社會整體能容忍、了解的對象，因為種種原因而哭不出來的孩子卻更值得關切。幼小的心靈不懂得用語言表達或分析自己的恐懼、憤怒、失望、哀痛，在絕大部份的情況下更不知道如何尋找合適的管道或對象以發洩這些負面的感覺。哭，往往是一種本能反應，但是對孩子們而言，單純的眼淚並不能解決問題。哭完了，問題還在那裡，沒有消失，不能抗拒，無法逃離。這是他們難以了解的事實，因此而造成的打擊也更重。

有鑑於此，越來越多的童書開始以悲傷為主題，描述成年人在大部份情況下不願或不能和孩子們討論的負面課題，希望透過書中的文字傳達，為父母創造可以和子女分享悲痛心情的機會，進一步透過對於相關背景和過程的敘述，而培養面對悲痛的勇氣，以及終究能化解悲痛的信心。這固然是一種幫助孩子們體驗喜怒哀樂、學習表達自我的方式，卻也讓成年人有能力了解自我感覺悲傷的必要性。悲傷，其實是一件好事。

我所知道的第一本悲傷的童書是 1986 年出版的《我永遠愛你》(Love You Forever)，作者是羅伯特・孟屈 (Robert Munsch)。書中的故事是一位母親如何唱著歌撫慰孩子入睡，隨著他慢慢長大而始終不離不棄，直到

他成年以後搬到另一個城市,母親依然長途跋涉地坐火車去照顧他,直到母親年老,兒子也有了自己的小女兒,終於能學會回頭來唱歌給母親聽,也把這首歌傳給下一代。在我所知道的讀者中,沒有人不曾在讀這本書的時候能忍住不掉淚,想到生命的傳承和父母對子女的堅貞感情,在悲傷之餘又充滿了無限的感激。

我同時也想到了 1995 年出版的《失敗的小丑》(The Jester Has Lost His JIngle),作者是大衛・薩茲曼 (David Saltzman)。書中的小丑在城堡裡無法惹人發笑,於是到城裡去找笑得出來的人,碰到了無家可歸的流浪漢,對社會滿懷怨怒的失業者,還有醫院癌症病房裡的眾多瀕死之人,他最終能讓一個小女孩笑了出來,也因此為整個城市帶來了歡欣。這本書寫成半年之後,作者薩茲曼就因病去世了,享年只有二十二歲。這本書於作者死後出版時,著名童書《野獸國》(Where the Wild Things Are) 的作者莫里斯・桑達克 (Maurice Sendak) 特別為其寫了後序:「我記得那張臉,那無比的熱誠⋯⋯」

還有 1999 年出版的《奉獻的樹》（The Giving Tree,或譯為「愛心樹」）,作者是歇爾・席維斯坦 (Shel Silverstein)。書中的樹和小男孩結為好友,春天為他開花,夏天給他涼蔭,秋天展現出燦爛的金葉和圓碩的果實,在淒冷的冬天裡也惦記著他。小男孩予取予求,長大後更要求砍下樹幹,造船遠颺,樹只剩下了一個椿子,卻還想著他。等到男孩變成了老人,回故鄉來探望樹,樹只能慷慨地讓老人坐在椿子上休息,因為自己還能為他做些什麼而感到欣慰。我每次看這本書,都會想到已故作家三毛的那篇令人動容的〈守望的天使〉。

還有 1999 年出版的《煙霧之夜》(Smoky Nights),作者是伊芙・邦婷 (Eve Bunting),她於 2004 年又出版了《一支蠟燭》(One Candle),兩者都是試著教導孩子了解複雜時事的作品。《煙霧之夜》書中的小男孩住在洛杉磯,家人和鄰居之間往往因為種族文化背景的不同而產生各種隔閡與摩擦,然而當洛杉磯發生種族暴動時,小男孩和母親看著暴徒劫掠商店,縱火洩憤,連他們住的大樓也被暴徒燒毀,好幾家人都必須倉皇逃生,這才體會到和諧的重要。在《一支蠟燭》裡,猶太小女孩和家人一起慶祝傳

統的光明節 (Hanukkah)，然後老祖母開始回憶自己做小女孩的時候和家人一起被送進集中營，還有無數被處死的猶太人。這兩本書連成年人都很難讀得下去，要對孩子們解釋當年德國納粹為什麼能做出這些令人髮指的暴行，豈止是「有些人不喜歡和他們不一樣的人」一句話就可以產生效果的。

還有 2002 年出版的《那一天》(On That Day)，作者是安婭亞・佩德爾 (Andrea Patel)，以及 2005 年出版的《救火船》(Fireboat: The Heroic Adventures of the John J. Harvey)，由麥拉・卡爾曼 (Maira Kalman) 創作：這兩本書都以 2001 年九月十一日，恐怖份子摧毀紐約世貿大樓事件為主題。《那一天》用色彩繽紛的碎紙拼湊出一個地球，然後隨著各種天災人禍的發生，一片一片的地球飄墜、殘損而消失無蹤，作者解釋人禍的發生原因：「有時候壞事會發生，因為有些人故意做壞事來傷害彼此，而這也是那一天發生的事，感覺起來就好像整個世界都破碎了。」《救火船》描述「兩架飛機往下撞，往下撞，撞進了兩座堅固的大樓」，一系列的跨頁圖片展現出世貿大樓如何在煙塵中崩垮，火焰沖天，殘骸四散，連夜晚的天空也因此而失去安寧。然而在這一片混亂之中，紐約的哈德遜河上卻有一艘小小的救火船，整夜由志願者操作著向世貿大樓灑水，試圖滅火。有讀者在亞馬遜網路書店上提供了這樣的評語：「感謝這本書，讓我在孩子面前泣不成聲！」

看到這裡，讀者們大概和我一樣，實在笑不出來了。還想知道更多悲傷的童書嗎？比方說，2004 年出版的《芮琪和亨利》(Rickie and Henri)，作者是世界著名的黑猩猩保育學家珍・古德爾 (Jane Goodall)。古德爾在書中描述了自己見過的一隻小猩猩芮琪的故事，牠如何在母猩猩被獵人槍殺之後緊抱著屍體尖叫不停，如何也不肯離開，然後又被獵人關入鐵籠，「不管牠如何哭叫，都沒有人來幫助牠」。又如 2007 年出版的《紫色的氣球》(The Purple Balloon)，作者是克里斯・洛虛卡 (Chris Raschka)，書中每一個色彩繽紛的氣球上都畫著一個人臉，象徵著重病患者、他們的親朋好友、以及盡心竭力照顧他們的醫護人員。不管是老年人還是小孩，隨著其病重、死亡，他們的氣球慢慢轉為紫色，然後氣球飄飄蕩蕩地昇入藍

天，落入等待的天使懷裡。「世界上只有一件事／比談論老年人死亡／更難做到：／那便是談論年輕人的死亡。」僅僅是這樣簡單的文字描述，就足以讓讀者熱淚盈眶了。

最後，我想到的是 2008 年出版的《悲傷的書》(Michael Rosen's Sad Book)，作者是麥可・羅森 (Michael Rosen)，他的兒子艾迪於 2004 年因病去世，享年只有十九歲。羅森在書中寫道：「讓我最難過的，是每當我想到兒子艾迪的時候。他死了。我非常、非常愛他，可是他還是死了。……也許你會以為圖畫中的我很快樂，其實我很難過，只是假裝快樂而已。我這樣做是因為我認為，如果我看起來很難過，就沒有人會喜歡我了。」這樣的文句雖然讓人心痛，卻真切地陳述了許多成年人和孩子們掩藏悲傷的事實，無論是不希望造成他人負擔或不敢讓人知道自己的脆弱，都會讓自己已經受傷的心變得更孤單、更無助。

也許這就是這些悲傷的童書之所以存在的價值，其能幫助各種年齡的讀者了解到：悲傷的人不必孤獨，因為人性是共通的。孩子們固然需要理解這個道理，也許成年人更需要有這方面的體認，才能繼續在人生的道路上鼓起勇氣前行。

－－2011 年一月二十六日

沒有煙抽的日子

　　今天起了個大早，一整日都在戶外奔忙，卻不知道為什麼，腦海中縈繞再三的都是已故歌手張雨生當年那首著名的〈沒有煙抽的日子〉：「沒有煙抽的日子，我總不在你身旁，而我的心裡一直以你為我唯一的一份希望。天黑了，路無法延續到黎明，我的思念一條條鋪在那個灰色小鎮的街頭。你們似乎不太喜歡沒有藍色的鴿子飛翔。」我一向不抽煙，更反對二手煙，因此對歌詞中的那句「手裡沒有煙，那就劃一根火柴吧」總是十分激賞。

　　眾所周知，這首歌原本是中國大陸學運領袖王丹以「星子」為筆名而發表的新詩，在天安門事件後由張雨生譜成曲，以聲援被捕入獄的王丹和其他學運、民運人士。據說王丹於1993年出獄時，張雨生特地去拜訪他，將這首歌的版權送給王丹，並交給他數千美元的版稅。張雨生於1997年過世後，王傑、張惠妹等著名歌手都曾經翻唱過這首歌，以為紀念。

　　在我居住的城市裡，吸煙族多年來已經成為眾矢之的，不但在所有的室內場合都不能吸煙，連在戶外吞雲吐霧都得小心翼翼地找場地，以免引來附近住家或辦公大樓用戶的白眼。平時在商店裡買煙要出示身份證，表明自己已滿十八歲，可以為這種莫名奇妙的「慢性自殺」負起責任。香煙的包裝上更依法規定而印了各種令人怵目驚心的警示，包括從幾個著名電視廣告中擷取的鏡頭：醫生們把肺癌病人的肺部切開，活生生、血淋淋的臟器流溢出黑色的焦油，或是氣管橫切或縱剖的透視，整個呼吸管道嚴重萎縮、乾枯，呈現燒毀的灰黑色，或是尼古丁對口腔和牙齒造成的可怖損害，最後再配上吸煙人的蒼白臉孔，嘶嘶的氣喘聲，機關槍似的咳嗽聲，臨終在床而無法再和家人歡聚的悲痛。

　　的確，過去十幾年來，全世界對吸煙行為的觀感已經有了徹底改變，從前的那種獨立自主、奔放豪邁的男性象徵已經被種種健康和環境方面的憂慮取代，連著名的科幻電視影集《X檔案》(The X-Files) 裡的那位老煙槍 (cigarette-smoking man)，幾年下來也得到了「癌人」(cancer man) 的

暱稱。吸煙不再是一種值得羨慕、象徵叛逆的行為,而是一隻潦倒不堪的過街老鼠,儘管大家都知道這老鼠終有一天會自取滅亡,人人卻都還要喊打。

　　早在 1946 年,以《動物農場》(Animal Farm) 和《1984》(Nineteen Eighty-Four) 等小說聞名全球的英國作家喬治・歐威爾 (George Orwell) 就寫過短文〈書和香煙〉(Books vs. Cigarettes) 來說明閱讀的可取性。比較起抽煙、喝酒、外出用餐、乃至於逛街購物看電影等消費行為而言,書本不但較為便宜,每小時讀書的花費更是微不足道,因此閱讀根本不是一個昂貴的嗜好,價格也不應該成為一般人不讀書的理由。歐威爾的這篇文章鉅細靡遺地列出一般人平均每星期花多少錢購買香煙,又花多少錢上酒吧歡飲,比較起一本書的價格除以閱讀時間所得的每日花費,乃至於購買二手書的低廉費用,甚至上圖書館借書的一毛錢也不用花,當真是令人不折服也難,每次打開錢包都會感到心虛:我這怎麼不是在買書呢。

　　到了 1978 年,美國恐怖小說作家史蒂芬・金 (Stephen King) 進一步在短篇故事〈戒煙公司〉(Quitters, Inc.) 中以誇張隱喻的筆法描述了吸煙者對自己和家人可能造成的損害。故事中的男主角決定請專業公司幫他戒煙,該公司號稱有百分之九十八的成功率,保證客戶一旦戒煙之後就終生不會再犯。男主角後來發現,戒煙公司對客戶進行每天二十四小時、為期一輩子的監視,並透過嚴厲的處罰來遏止吸煙行為:犯戒一次將導致男主角的妻子被電擊,犯戒兩次則男主角本身接受電擊,犯戒三次則夫妻兩人同時接受電擊,犯戒四次則對男主角智能不足的兒子施暴,犯戒五次到八次則對男主角一家三口的電擊和施暴處罰逐漸加重,犯戒九次則打斷男主角兒子的雙臂,如果男主角實在冥頑不靈而犯戒滿十次,則戒煙公司將會宣告放棄,一槍把男主角打死,同樣要讓他不能吸煙。更恐怖的是,男主角在戒煙期間必須嚴格控制體重,否則每次超重,戒煙公司就會派人來切掉男主角妻子的一根手指!

　　值得慶幸的是,並不是每個作家對吸煙行為都有像金那樣恐怖驚悚的觀感,例如美國作家克里斯多弗・巴克利 (Christopher Buckley) 在《銘謝吸煙》(Thank You for Smoking) 這部小說中,以黑色喜劇的手法描述一

位專門為煙草公司進行宣傳的公關人士的生命轉折。男主角和一些同樣鼓吹使用烈酒、槍枝等爭議性商品的同行組成號稱「死亡商人」(Merchants of Death, MOD) 的小團體,自己卻在一次暴力綁架行為中成了尼古丁的受害者,更試圖給兒子做個好榜樣,便決定挺身而出,在美國參議院舉辦的聽證會上發言對抗當初雇用他的煙草公司。有趣的是,男主角反對禁煙法案的理由在於一般大眾對吸煙行為的反感已經根深蒂固,因此不需要特別制定法案來保護或剝削任何人的權益;每個成年人都有自我選擇的自由,也必須為自己的選擇負起責任,不能把所有過錯都歸在煙草公司頭上。

《銘謝吸煙》於 1994 年出版,並於 2005 年改編成電影,卻不知道是否曾對約翰‧葛里遜 (John Grisham) 於 1996 年出版的小說《失控的陪審團》(The Runaway Jury) 造成些許影響,因為後者的焦點也是由吸煙致死而產生的法律訴訟行為。有趣的是,《失控的陪審團》於 2003 年改編成電影,編劇和導演巧妙地把影片重心從吸煙致死改成了因為槍枝氾濫而造成的濫殺,不但大幅增加劇情的張力和震撼性,更襯托出後者這個主題的時效性和爭議性。比較起《銘謝吸煙》所明示的「吸煙乃自我選擇的結果」主旨,小說《失控的陪審團》的主角因為父母親一輩子吸煙、終究罹患肺癌死亡而決定對煙草公司提起法律訴訟,立場就顯得薄弱了些,還不如電影《失控的陪審團》的主角因為親人死於槍枝氾濫而導致的暴力濫殺而決定介入法律程序,要來得有說服性。

最後來說說幾則有趣的新聞報導,都是和勸阻吸煙有關的。比方說英國的《電訊報》(Telegraph) 於 2007 年八月二十日刊出一篇有趣的言論,題為「這是英語文學的終結嗎」(Is this the end of English literature?),作者指出過去幾個世紀以來的許多大文豪都抽煙或吸煙斗,因此頗有曠世巨作。如果葉慈 (W.B. Yeats)、拜倫 (Lord Byron)、濟慈 (John Keats)、華茲華斯 (William Wordsworth)、王爾德 (Oscar Wilde)、康拉德 (Joseph Conrad)、吳爾芙 (Virginia Woolf)、T.S. 艾略特 (T.S. Eilot)、狄更斯 (Charles Dickens)、米爾頓 (John Milton)、波普 (Alexander Pope)、C.S. 路易斯 (C.S. Lewis)、乃至於 J.R.R. 托爾金 (J.R.R. Tolkien) 等作家和詩人生在今日,更膽敢在公共場合吞雲吐霧,則他們狂交罰金、惹人謾罵都來

不及了，又怎麼能有文思來進行創作呢。

而在 2010 年五月到七月，歐洲的一系列新聞媒體報導了德國出版商 Hamburger Automatenverlag 把漢堡大學 (University of Hamburg) 周遭所有的自動香煙零售機改裝成書籍販賣器的新聞。這家出版商除去零售機裡的香煙，放入本地藝術所創作的小說、漫畫和詩集，每本售價四歐元，在構想上當然是驚人之舉，然而如果有哪位讀者找到後續報導，證明該公司確實在利潤上有所回收，請千萬要告訴我。

最後，許多西方媒體在 2011 年二月報導了中國的國家廣播電影電視總局 (State Administration of Radio, Film and Television) 宣佈要嚴格控制電影和電視節目中對於吸煙行為的呈現，此類鏡頭出現的時間不但應該越短越好，更要採取行動禁止未成年的觀眾接觸到此類畫面。根據《英文中國郵報》(The China Post) 的報導，中國在 2005 年因為吸煙相關疾病而死亡的人數高達一百二十萬，如果不採取相應措施，則此一死亡人數到了 2030 年將高達三百五十萬。報導又說，根據新華社的統計，北京每三位高中生就有一位因為看到電視上的吸煙鏡頭而自己也想來試試看。

於是我又想到〈沒有煙抽的日子〉這首歌的一句：「手裡沒有煙，那就劃一根火柴吧，去抽你的無奈，去抽那永遠無法再來的一縷雨絲。」吸煙究竟是因為無奈，還是一種對於人生的自暴自棄？我沒有答案，你呢？

－－原載於 2011 年七月十一日

從艾拉・雷文說起

　　這一切都要從艾拉・雷文 (Ira Levin) 說起。我最近在一本書裡看到他的名字，說也慚愧，竟然不知道他是誰，非得上網仔細查詢許久，才發現他一生中只出版過七部小說，卻有五部被改編成膾炙人口的電影。雷文曾經兩度獲得美國推理作家協會 (Mystery Writers of America) 頒贈的艾德格・愛倫・坡獎 (Edgar Allan Poe Awards)，美國恐怖小說大師史蒂芬・金 (Stephen King) 更讚許他是「懸疑小說的瑞士鐘錶名匠，他讓我們其他人看起來就像是廉價雜貨店裡的鐘錶技師」。

　　雷文的五部被改編成電影的小說分別是：1953 年出版的《死前之吻》（A Kiss Before Dying，分別於 1956 及 1991 年改編），1967 年出版的《失嬰記》（Rosemary's Baby，於 1968 年改編），1972 年出版的《超完美嬌妻》（The Stepford Wives，也有人譯為「複製嬌妻」，分別於 1975 及 2004 年改編），1976 年出版的《巴西來的男孩》（The Boys from Brazil，於 1978 年改編），以及 1991 年出版的《銀色獵物》（Sliver，於 1993 年改編）。

　　在這五部小說中，也許要以《失嬰記》最為有名。由這部小說改編成的同名電影於 2001 年被美國電影學會 (American Film Institute, AFI) 列為「百年百大驚悚電影」(AFI's 100 Years…100 Thrillers) 的第九名，更開創了 1960 年代末期到 1970 年代初期，一系列以孩童或青少年為主角的恐怖電影潮流。

　　說來慚愧，我沒有讀過《失嬰記》，更沒有看過改編的電影。然而到了 1973 年，威廉・彼得・布雷提 (William Peter Blatty) 於 1971 年出版的小說《大法師》(The Exorcist) 被改編成電影，我至今看過兩次，每次都嚇得魂不附體。小說雖然比較難讀，卻也生吞活剝下去，果然也很精彩。

　　再來就是 1976 年發行的電影《天魔》(The Omen)，同名電影小說由編劇大衛・賽爾澤 (David Seltzer) 主筆，據說在文字中添加了許多在電影中無法詮釋完全的人物個性和背景。這部電影於 2006 年改拍，我卻比較喜

歡 1976 年版的男主角葛雷哥・畢克 (Gregory Peck)。

然後就是 1975 年出版的 Audrey Rose 這部小說了，其於 1977 年改編成電影，中文譯名為「魔緣」，算是很不錯的翻譯。作者法蘭克・狄菲利塔 (Frank De Felitta) 在影劇界比較有名，擔任過製片人、編劇和導演，兒子雷蒙 (Raymond De Felitta) 如今也是導演。狄菲利塔於 1982 年出版了續集 For the Love of Audrey Rose，此外還有一部小說 The Entity 於 1979 年出版，於 1982 年改編成電影《靈體》（或譯為「鬼戀」）。

在此想借用「魔緣」這個翻譯，因為至此說了一大串，Audrey Rose 這部小說才是這篇文章想寫的重心。我前兩天剛讀完這部小說，感覺起來簡直和《大法師》一樣具有震撼力；然而《大法師》比較難讀，需要相當的耐性，《魔緣》的文字技巧卻相當洗練圓熟，讓讀者前一分鐘驚嘆，下一分鐘恐慌到難以入眠，再下一分鐘陷入深思，又過了幾分鐘卻哈哈大笑起來。

《魔緣》說的是艾略特・胡佛 (Elliot Hoover) 的故事，其妻子和五歲女兒在一場車禍中喪生。艾略特悲痛萬分，原以為此生的希望已經破滅，卻在偶然的機會下聽見女兒已經轉世復生的消息。他是走科學路的人，為了求證這個可能，便到印度生活了七年，深刻了解輪迴轉世理論的背景和相關知識，並在當地居民多災多難卻又求福惜福的生活中，領悟到有生必有死、死卻不足以抹滅生之必要的關鍵。他認為輪迴轉世是為了讓靈魂在一次又一次的生命中學習改進，直到最終能達到智慧極樂的涅槃為止。如果他的女兒奧黛麗 (Audrey Rose) 真的已經重生，那麼他無論如何也要幫助她尋求解脫。

於是艾略特找上住在紐約的比爾和珍妮絲・譚普頓夫婦 (Bill and Janice Templeton)，他們十一歲的女兒艾薇 (Ivy) 當年在奧黛麗死後的兩分鐘出生，從小經常做惡夢，在房裡四處亂竄，想碰觸玻璃窗卻又「燙」得把手縮回來。譚普頓夫婦當然不相信艾略特的輪迴轉世理論，比爾甚至要報警訴求強制隔離，不讓他有任何機會接觸艾薇。然而珍妮絲幾次目睹艾薇做惡夢時的癲狂痛苦，又發現只有艾略特可以透過呼喚奧黛麗的名字而讓艾薇平靜下來，不禁慢慢相信了艾薇其實是奧黛麗轉世的假設。原來

奧黛麗當年是在車禍中活活燒死的，難怪艾薇在做惡夢的時候一再想從玻璃窗中逃出，卻又痛苦得大喊「好燙」。她的惡夢真實到手上可以莫名其妙地燙出水泡的地步，醒來以後卻根本不記得夢中的任何細節。

這件案子後來鬧上法庭，讀起來實在有約翰‧葛里遜 (John Grisham) 法庭小說的味道，又像莎拉‧格魯恩 (Sarah Gruen) 的《巴諾布的呼喚》(The Ape House) 那樣發人深省。比爾堅決要讓艾略特以綁架罪入獄，甚至不惜讓艾薇被催眠，想在審判過程中確定她究竟有沒有前生，珍妮絲卻知道一旦奧黛麗被召喚出來，艾薇也等於從此消失了。兩人的婚姻逐漸破裂，艾薇因為不知道自己發生了什麼事而困惑不已，艾略特明知道奧黛麗一心想尋求解脫而不惜犧牲艾薇，卻毫無辦法阻止，於是一場驚天動地的悲劇就這樣發生……

這部小說讀來驚心動魄，艾薇的狂駭歷歷在目，珍妮絲身為人母和人妻的掙扎更令人心生憐憫，對比爾的冷硬狠心不免有責難，卻也能體會這是人之常情。艾略特這個角色也許可以被詮釋為對於譚普頓夫婦的一場歷練，也是1960、1970年代的西方開始探索各種東方哲學和文化的象徵，然而我以為這四個角色之間的關係也許更能解釋生父、孩子和養父母之間的關係，他明知自己不應該介入孩子身在的美好家庭，卻還是忍不住要為她的福祉盡力。這最後一種詮釋當然是我多想了。

在《人物》雜誌 (People) 於1976年四月發行的特寫中，《魔緣》的作者狄菲利塔坦承這部小說的靈感來自他的兒子雷蒙。當年狄菲利塔夫婦在洛杉磯度假，突然聽見客廳傳來優美流暢的鋼琴聲，當時雷蒙才六歲，從來沒有學過鋼琴，對音樂也沒有興趣，卻突然能演奏高難度的鋼琴曲，而且是「他的手指自動彈出來的」。狄菲利塔當時嚇呆了，後來卻開始研究輪迴轉世理論，他在這方面的許多心得都在《魔緣》這本書中生動地表現出來。

《魔緣》是我這一兩年來看過最好的恐怖小說之一，讀的時候真的有毛骨悚然的感覺（另一部讓我有類似感覺的小說是史蒂芬‧金的《一袋白骨》(Bag of Bones)），整體的哲學性和娛樂性也相當高。（很難相信這兩者可以共存吧？）

《手癢的譯者》

　　值得一提的是,我在讀這本書的時候一直覺得艾略特這個角色簡直就是為大明星安東尼‧霍普金斯 (Anthony Hopkins) 寫的,就像丹‧布朗 (Dan Brown) 寫《天使與魔鬼》(Angels and Demons) 和《達文西密碼》(The Da Vinci Code) 時早已想像由哈里遜‧福特 (Harrison Ford) 來飾演男主角羅伯‧蘭登 (Robert Landon) 一樣。艾略特的心細、鎮定、充滿哲思與悲憫情懷、偶爾自嘲的幽默、還有那掩藏不住而又隨時能爆發出來的深切情感,在在都讓我想到幾部電影中的霍普金斯,而我在讀完《魔緣》之後照例上網研究背景,卻赫然發現,電影中的艾略特正是由霍普金斯飾演的!當年他已經四十歲了,在電影中看起來卻依然瀟灑年輕,又有一股憔悴和極為深沉的悲哀。可惜《魔緣》這部電影沒有能像原著小說那樣充份表現出艾略特這個角色的性格和歷練,然而其有幾個特寫艾薇做惡夢的場景,卻一點也不輸於《大法師》,有興趣的讀者不妨找來看看。

———原載於 2012 年二月二十二日

如果耶穌基督活了下來

　　我第一次接觸安德魯・洛伊・韋伯 (Andrew Lloyd Webber) 的音樂劇《萬世巨星》(Jesus Christ Superstar)，其實是在瓊瑤的小說《月朦朧鳥朦朧》裡。主角之一的裴欣桐愛上了鼓手陸超，一心要和他一起流浪，卻始終無法完全擁有他。小說中的她抱著吉他自彈自唱那首著名的〈我不知道如何去愛他〉(I Don't Know How to Love Him)：「我不知道如何去愛他，該怎麼做才能感動他。我變了，真的變了。過去幾天以來，我看著鏡中的自己，好像看到了另一個人。」讀來頗令人心酸。

　　後來我開始聽韋伯的音樂劇錄音帶，當然是從《歌劇魅影》(The Phantom of the Opera) 入門，後來也接觸到其他的暢銷作品，包括《艾薇塔》(Evita)、《日落大道》(Sunset Boulevard)、《貓》(Cat)、《星光列車》(Starlight Express) 和《歌聲舞影》(Song and Dance) 等等。其實我聽的都是選集，也就是各個音樂劇裡最膾炙人口的一兩首歌，雖然琅琅上口，對作品整體的了解卻不夠深入。有一陣子加入合唱團，每每聽見有人模仿莎拉・布萊德曼 (Sarah Brightman) 在《歌劇魅影》裡唱的那段著名的高音，總是覺得有如東施效顰。

　　幸好韋伯的音樂劇有好幾部都被改編成電影或電視影集，視覺印象果真能彌補聽覺的不足，我因此也對查爾斯・鄧斯 (Charles Dance) 飾演的劇院幽靈、瑪丹娜 (Madonna) 飾演的艾薇塔、以及葛倫・克羅絲 (Glenn Close) 飾演的諾瑪・戴斯蒙 (Norma Desmond)，產生了極深刻的印象。

　　後來光碟和影碟當道，許多作品重新推出，成為個人可以一再回味的收藏品，真是一大福音。我自己有一張光碟是 1999 年的韋伯作品精選，收錄了伊蓮・佩姬 (Elaine Paige) 版本的〈回憶〉(Memory)、麥可・科羅佛 (Michael Crawford) 版本的〈夜曲〉(The Music of the Night)、布萊德曼版本的〈阿根廷勿為我哭泣〉(Don't Cry for Me Argentina) 和〈我不知道如何去愛他〉、傑森・唐納文 (Jason Donavan) 版本的〈有夢最美〉(Any Dream Will Do)、克羅絲版本的〈彷彿從未道別〉(As If We Never Said

Goodbye) 和芭芭拉・史翠珊 (Barbara Streisand) 版本的〈看一眼就夠〉(With One Look)。特別是史翠珊的歌聲，聽來讓人有豪氣萬千的感覺，很適合她的身份。

近年來有幸得到了一套韋伯作品的影碟，是《貓》、《約瑟夫的奇異夢幻彩衣》(Joseph and the Amazing Technicolor Dreamcoat) 和《萬世巨星》三部作品的戲劇呈現，以及英國各界影視紅星為了慶祝韋伯五十歲生日而舉辦的音樂會實況錄影。在這個 1991 年版本的《約瑟夫的奇異夢幻彩衣》裡挑大樑的是唐尼・奧斯蒙 (Donny Osmond)，後來也在 1999 年的音樂會裡演出，還是同樣精彩。當年纖弱美麗的布萊德曼卻變胖了，看起來有點像一隻慵懶的貓。這場音樂會更以〈迎風吹哨〉(Whistle Down the Wind) 為安可曲，演唱者邦妮・泰勒 (Bonnie Tayler) 的歌聲當真是清脆感人，也使這首歌成為我最喜愛的韋伯作品之一。

去年耶誕節大家送禮，我有幸得到《歌劇魅影》的續集《愛無止境》(Love Never Dies) 的原聲帶，這當然更不用說，簡直是愛死了，特別是飾演幽靈的雷明・克林魯 (Ramin Karimloo)，簡直是英俊深情到令人口水掉滿地的程度。收到禮物的時候才知道這齣音樂劇剛在墨爾本落幕不久，錯過了上劇院欣賞的良機，此後就一直很想開八百公里的車到雪梨去觀賞那裡的演出。

不過這篇文章要寫的其實是《萬世巨星》這部作品。在上文提到的那場音樂會裡，我體驗了麥可・鮑爾 (Michael Ball) 版本的〈客西馬尼園禱告（我只是想說）〉(Gethsemane [I Only Want to Say]) 這首歌，雖然蕩氣迴腸，一身燕尾服的鮑爾卻總不能讓我想到耶穌基督。後來看了《萬世巨星》2000 年的電影版本，耶穌基督由葛倫・卡特 (Glenn Carter) 飾演，一頭金髮的他十分俊美，有種溫柔鄉的貴公子氣息，表演起來也有一種中規中矩的完美。卡特的歌聲不能算是深刻感人，然而整齣音樂劇透過電影形式的表現卻令人震撼驚異到足以彌補這個缺點的程度。傑若米・普萊頓 (Jerome Pradon) 飾演的猶大 (Judas Iscariot) 也叛逆有加，徹底顛覆了一般人對這個歷史人物的俗見。

我以為自己對《萬世巨星》的了解就到此為止了，畢竟各界讀者和論

者從這齣音樂劇首次於 1971 年在百老匯上演以來就一直對它褒貶有加,也不需要我在這裡囉嗦。然而最近又想到那句「嘿,耶穌基督,你可願意為我而死?」(Hey, J.C., J.C., won't you die for me?),忍不住又上網搜尋相關資料,這才發現歷年來在這部作品中飾演耶穌基督的名家太多,一般卻認為泰德‧尼利 (Ted Neeley) 和史蒂夫‧鮑薩摩 (Steve Balsamo) 的表現最為傑出。

尼利本來是一個搖滾樂手,出道時才二十二歲,在 1969 年的時候參與了著名音樂劇《毛髮》(Hair) 的演出,因此有機會加入《萬世巨星》的行伍。他本來試鏡的角色是猶大,一心想詮釋這個被世人誤解的角色,後來卻成為主角耶穌基督的候補,更在洛杉磯的一場音樂會中正式挑大樑,精彩的表演獲得全場觀眾的起立致敬。這齣音樂劇於 1973 年改編成電影時,尼利順理成章地出任主角,和飾演猶大的卡爾‧安德森 (Carl Anderson) 各有勝場。

電影版的《萬世巨星》大老遠跑到以色列去拍攝,就像李安堅持要去中國大陸拍攝《臥虎藏龍》那樣,最終達成的視覺效果實在是不同凡響。在那片乾燥遼闊、荒煙處處的大地上,猶大聲嘶力竭地喊著要耶穌基督聽從他的勸告,多為自己想想,不要一味為傳播神的福音而付出。耶穌基督則在山野之間無助地徘徊,一遍又一遍問著神:「我為什麼要死?死了又有什麼報償?這三年來的付出,感覺起來卻像三十年,甚至九十年。如果我死了,我所說過、做過的一切,真的會對世人產生絲毫影響嗎?這從頭到尾都是祢的計畫,祢的打算,卻不是我的呀!」

尼利是第一個在《萬世巨星》中飾演耶穌基督的歌手,他的表演也因而成為經典,並於 1974 年獲得金球獎 (Golden Globe Awards) 的提名。到了 1996 年,來自威爾斯 (Wales) 的歌手鮑薩摩雖然沒有演出音樂劇的經驗,卻決心要展現自己的歌唱才能而贏得飾演耶穌基督的機會。他在幾千個試鏡者中脫穎而出,讓媒體驚嘆不已:「神的兒子竟然是威爾斯人!」(The Son of God is Welsh!) 鮑薩摩在演出時的感情極為深刻,讓韋伯本人都不禁淚下,更讓這齣音樂劇在短短半小時中售出價值十六萬英鎊的票。

我在網路上反覆欣賞了尼利和鮑薩摩的演出。與其說他們兩人都很傑

出,不如說〈客西馬尼園禱告(我只是想說)〉這首歌實在太感人,寫出了一個凡人在面對神的時候可以有多少辛酸、冤屈、悲憤、怨怒、叛逆、苦痛,還有最後不得不「束手就縛」而成為過河卒子的悲哀。後來無意間發現尼利在 2006 年又再次演出《萬世巨星》,他當時已經六十四歲,白髮蒼蒼,身形憔悴,穿上一身白袍,用麻繩繫在腰間,腳下踏一雙涼鞋,當真是一個耶穌基督的傳神形象。他當時據說喉嚨不舒服,卻還是掙扎唱完這首曲子,聲音嘶啞,感情真摯,痛心疾首,讓其他演員和全場觀眾泣不成聲,我在看這段錄影的時候也不禁落下淚來。

　　尼利當年出演《萬世巨星》的時候才三十歲,和耶穌基督受死的年紀差不多,也許他因此而能體會正當盛年的雄心壯志不得不因為神的意旨而浪費成空的無奈心情,在演出的時候表現特別精彩。然而他六十四歲時的表演,卻為全世界的觀眾開拓了一個嶄新的想像空間:如果耶穌基督當年活了下來,他的人生會是什麼樣子?是繼續宣揚和平仁愛的大起大落,還是默默無聞的平凡小人物?他會成為眾人眼中的英雄,受到各界的熱烈擁戴,還是只能像三閭大夫屈原那樣被放逐,「游於江潭,行吟澤畔,顏色憔悴,形容枯槁」?如果他得以活到六十四歲,會看過多少人心思變,世態炎涼?更重要的是,如果他活了下來,到六十四歲的時候卻終究得上十字架受刑,他又會有多少忿怨不平的心情?寫到這裡,不禁覺得六十四歲的尼利真像文學傳說中的屈原。

　　丹・布朗 (Dan Brown) 在《達文西密碼》(The Da Vinci Code) 中單純地想像耶穌基督娶妻生女,尼利的演出卻能令人神馳天外,遙想這個歷史人物生前和死後的種種傳奇。我不信任何宗教,卻也不是無神論者。感謝韋伯和尼利,讓我有這個機會能想像:耶穌基督這個凡人一生盡力宣揚愛與和平,如果他當年活了下來,如今的這個世界又會是什麼樣子?

——原載於 2012 年三月二十六日

從〈八月桂花香〉說起

　　由香港巨星羅文主唱的〈八月桂花香〉這首歌，原名是〈塵緣〉。我非常喜歡這首歌，那文字中淡淡的惆悵總讓人想嘆一口氣，找一片秋日的藍天來凝望良久：

　　「塵緣如夢，幾番起伏總不平，到如今都成煙雲。情也成空，宛如揮手袖底風，幽幽一縷香，飄在深深舊夢中。繁花落盡，一身憔悴在風裡，回頭時無晴也無雨。明月小樓，孤獨無人訴情衷，人間有我殘夢未醒。漫漫長路，起伏不能由我，人海漂泊，嚐盡人情淡薄。熱情熱心，換冷淡冷漠，任多少深情獨向寂寞。人隨風過，自在花開又花落，不管世間滄桑如何。一城風絮，滿腹相思都沉默，只有桂花香暗飄過。」

　　之所以會想到這首歌，是因為昨夜在夢中一再低唱，醒來依然回味無窮。我在國外生活已久，平時極少做中文的夢，因此每次夢中出現中文就特別留神。更何況這次是自己在夢中悠悠唱著這首歌，一遍又一遍，歌詞記不全也並不在乎。

　　這夢境，代表了什麼呢？

　　也許中英雙語作家偶爾都會面對一個問題：我應該是用中文創作，還是用英文好呢？我的讀者在哪裡？我應該在中文還是英文世界中求發展？這兩個世界都是廣大深邃，窮盡一輩子也不一定能有機會出頭，但是創作在於滿足自己發聲的心願，沒有讀者的作者也只是在自說自話而已。如果不想一生寂寞，就得創作。

　　我想起自己多年以前有機會訪問在澳洲生活已久的中國詩人歐陽昱，他也是雙語作家，不但出版了多部中英文詩集、小說和評論，更翻譯了許多著名的澳洲文學作品。他在訪問中提到，自己寫作的時候看心情，想寫中文就寫中文，如果感覺英文比較能抒發自己的文思，就提筆寫英文，就像選擇寫小說、寫詩或進行翻譯都要看心情一樣。

　　問題是，歐陽昱在中國可能並不是一個家喻戶曉的名字，在澳洲卻以他詩作中的憤怒自嘲而著名，那麼市場的考量在決定創作語言的過程中究

竟扮演了多重要的角色？作家也總得要吃飯哪。我記得有一次去參加歐陽昱的新書發表會，他特意選了一個門框站著，大聲朗誦自己的英文詩句，擺明了就是一個人在框框裡的「囚」字，然而在場又有多少英文讀者能了解這個純中文式的隱喻？

我也想起海外華文作家嚴歌苓的《人寰》，這本書獲得1998年的中國時報百萬小說獎和2000年的上海文學獎，同樣是我非常喜歡的一部作品。書中主角反覆提起語言和人格之間的關係，比方說：「英文使我魯莽，講英文的我是一個不同的人。可以使我放肆；不精確的表達給我掩護。是道具、服裝，你盡可以拿來披掛裝扮，藉此讓本性最真切地唸白和表演。另一種語言含有我的另一個人格。」（第1頁）書中主角又說：「我常常感到我在英文中的人格與個性是多麼不同。它使我自我感覺是無辜的。如同一個孩子，他還沒有完全理解他言語的後果，沒意識到他與他語言間的相互責任。」（第24頁）

然而最精彩的也許是主角的這段話：「一些時候我就是表達性很差，不想說話。講英文尤其是的，我那母語的一半變得非常挑剔，很刻薄，講英文的這一半剛開口，它就找到了毛病。然後開始指摘。此後，我每成型一個英文句子，就會聽到尖刻的評論，是我母語的那一半在批評我非母語的這一半。說它的句子結構笨重，用詞不巧妙。如此斷裂。我那講英文的自我變成了我整個人的異端，顯得那麼孤立。就想把嘴閉起來。

「我有時更喜歡我這英文的一半。它好像是年輕的——我老在想——它是無辜的。它魯笨、稚拙、直率。它是我的年僅十八歲的語言啊。

「而我的中文，我的母語，它其中包含的我是有城府的。我那個基本與我同齡的語言。它那巨大的彈性、易變和善辯，它多成熟。

「這樣的時刻發生，我能做得到的只有緘默。」（第40至41頁）

我極為欣賞這些段落，多年來總是牢牢記住，倒不是我認為自己也有相同的體驗（我那中文的一半比英文這一半足足大了十五歲），而是作者對於人格——也就是人生經驗對於個性的塑造——的觀察實在太精闢了。我們的語言都是從生活中創造出來的，這語言和生活的結合從不休止，而創作又需要語言，因此只有實際生活過的人才能創作，也才有資格創作，

在中文和英文世界裡都是一樣。

　　我同時也想到一個住在美國多年的作家，他無法翻譯自己用英文寫的自傳，只好請人代勞，主要原因是：他一旦嘗試用中文翻譯，就會不能自制地寫出一本完全不同的自傳。上文提到的詩人歐陽昱在翻譯自己的作品時完全沒有這方面的問題，然而像他這樣的才情偶爾會在翻譯時不小心冒出頭來，例如在英文翻譯中露出中文創作格調的新意，反之亦然。我自己也試過翻譯自己的作品，不管是像煎餅那樣翻過來、翻過去，想直接了當地翻譯是絕對不可能的，非得依照兩種語言的文氣和文化習慣而調整詞句結構和思緒不可。

　　那麼，語言和生活的結合是不容抹煞的了。不過話又說回來，囉哩囉嗦寫了這麼一大串，我那「八月桂花香」的夢境又到底是什麼意思？也許今晚做夢時努力自問，可以找到答案吧。

－－原載於 2012 年七月十二日

藝評與人生：懷念澳洲藝評家羅伯特‧修斯

　　兩年前的七月四日，我在一篇名為〈作家，加油！〉的文章（見《時間的秘密》第一部）中提到，小說《馬語者》(The Horse Whisperer) 的作者尼可拉斯‧伊凡斯 (Nicholas Evans) 是我知道的第三位有瀕死經驗的作家，第一位是澳洲著名的藝術評論家羅伯特‧修斯 (Robert Hughes)，第二位則是恐怖小說作家史蒂芬‧金 (Stephen King)。當時寫這篇文章的時候只感到慶幸，這三位作家都還健在，沒想到今年八月六日得到令人震驚的消息：修斯已經在紐約市過世了。

　　對於台灣讀者來說，修斯實在不知道是何許人也，然而他在澳洲、英國和美國都是著名的藝術評論家。他曾經是美國文理科學院 (American Academy of Arts and Sciences) 的院士，後來獲選為澳洲的「人間國寶」(living national treasure)，並經倫敦《星期日泰晤士報》(Sunday Times) 評選為「年度作家」(Writer of the Year)，和薩爾曼‧魯西迪 (Salman Rushdie) 以及諾貝爾文學獎得主謝默斯‧希尼 (Seamus Heaney) 等人齊名。他的自傳《我不知道的事》(Things I Don't Know: A Memoir) 榮獲澳洲新南威爾斯州州長文學獎 (New South Wales Premier's Literary Award)，記錄片《蒙娜麗莎的詛咒》(The Mona Lisa Curse) 也榮獲著名的葛里森最佳藝術記錄片獎 (Grierson Award Best Documentary on the Arts) 和艾美獎 (International Emmy Award, Arts Programming) 等舉世聞名的殊榮。

　　修斯一生有幾部極為著名的藝術與歷史評論作品，包括 1966 年出版的《澳洲的藝術》(The Art of Australia)、1987 年出版的《致命的海岸》(The Fatal Shore)、1991 年出版的《「新」的震撼：藝術與充滿變動的世紀》(The Shock of the New: Art and the Century of Change)、1992 年出版的《巴塞隆納》(Barcelona)、1998 年出版的《美國願景：美國藝術的壯闊歷史》(American Visions: The Epic History of Art in America)、2004 年出版的《哥雅》(Goya)、以及 2011 年出版的《羅馬：文化、視覺和個

人歷史》(Rome: A Cultural, Visual and Personal History)。這其中又以《澳洲的藝術》、《致命的海岸》和《「新」的震撼》等三部作品最為人知,也奠定了他身為世界級藝術評論家的地位。

《「新」的震撼》研究了自印象主義以降的現代藝術發展史,和英國國家廣播電台 (British Broadcasting Corporation) 所製作的同名記錄片同時推出。《澳洲的藝術》和《致命的海岸》兩部作品同樣以澳洲為主題,前者是澳洲的藝術史,後者則探討英國在澳洲建立殖民地以安置流放囚犯的歷史過程和背景。從 1770 年到 1840 年的這段流放殖民時期是澳洲作為歐洲移民和文明前哨的階段,修斯觀察了英國流放十六萬名囚犯和建立殖民地的艱辛過程、澳洲早期囚犯社群的本質和其與殖民地主管及其他自由移民之間的關係、殖民地人口和澳洲原住民之間的互動、以及澳洲各個殖民地的整體發展,並透過這些觀察,歸納這些歷史特徵對今日澳洲社會和文化有什麼淵遠流長的影響。

以我自己而言,正是因為《致命的海岸》這部作品而接觸到修斯的複雜和深刻,以及他對於澳洲在熱愛之餘不忘理性批判的態度,他的文字精簡洗鍊而充滿詩意,是不可多得的傑出散文,讀來令人有賞心悅目之感。這本書於 2011 年八月經美國《時代雜誌》評選為有史以來最傑出的一百部非小說類文學作品之一 (All-Time 100 Nonfiction Books),真可說是實至名歸,儘管修斯本人曾經為《時代雜誌》撰寫了多年的藝術評論。

修斯的這三部作品充份說明了一個道理,也就是對於藝術的觀察和評論其實和歷史、人文、社會、經濟、政治、乃至於科技發展完全脫離不了關係,和評論家本身的人生經驗和涵養更是緊密相連。一個沒有體驗過人生的作家絕對寫不出好作品。同樣地,藝術評論家儘管可以觀察、批評、研究、發表,其如果對人類民族文化繁衍及改變的歷史沒有整體性的融合和領悟,所作的評論終究也會是片段、單向而膚淺的。

當前網路的發達與普及使每個人都可以成為自謂的評論家,然而我們在網路上看到的許多言論其實都只是「批評」而非「評論」。從另一個角度來看,當代真正有重量、具權威性的學者已經少了,能真正透過著作和其他傳播媒體而廣為宣傳其學術成就的人更是不多,以致於學術哲理和大

眾產生疏離，文化趨於「流行」、「速食」、「淺碟」而為人詬病，一般人提到藝術文化就將之歸類於象牙塔，任何嘗試推廣文化的創意產業活動也被譏刺為追求銅臭。台灣的讀者可能很難想像各界重量級的學者經營網站、撰寫部落格、在大眾媒體和通俗藝文活動中發表深入淺出的評論、甚至親身參與策畫或主持藝術人文記錄片的拍攝，各界學者卻也很難想像自己真正達到「老嫗能解」、「親民愛民」的境界吧。

哲人已逝，然而修斯在當代世界（不只是澳洲）藝術評論界的崇高地位是不會被時間磨滅的。他教導給我們的是對於歷史文化的深刻觀察，以此為根基而對藝術人文進行整體性的客觀評論，時刻對他人也對自己提出質詢、反辯，不以常理為真理，卻也不認為所有的俗見都是偏見。他啟迪我們的是「人非完人」，但是完人和非完人都同樣可以對藝術人文產生深遠的影響，這其間的過程和產生因素值得進行理性的探討與評析，我們對於藝術人文的評論或許也可以因此而減少一些主觀批判或控訴。

——原載於 2012 年八月九日

J.K. 羅琳專訪觀後感

　　J.K. 羅琳 (J.K. Rowling) 的第一部專門寫給成人讀者的小說 The Casual Vacancy（暫譯為「臨時空缺」）已經於九月二十七日出版了。儘管台灣早有版權代理人出言批評這本書的封面設計「實在是醜，斃，了（口吐白沫）」，這本書的出版卻在英語世界中掀起了一陣波濤。大家都想知道，這本書會是什麼樣的內容？為成人寫的小說，到時候也會像當年的「哈利波特」系列那樣受歡迎而大賣嗎？

　　這本書出版才三個小時，澳洲國家廣播電台 (Australian Broadcasting Corporation) 便推出了著名藝文節目主持人珍妮佛・本恩 (Jennifer Byrne) 對於羅琳的專訪。本恩是唯一獲得羅琳及其出版社 Hachette 允許進行訪問的澳洲記者，因此這場長達二十五分鐘的訪問對澳洲讀者而言也顯得特別珍貴。謹在這裡介紹出來，和所有喜愛羅琳的台灣讀者分享。

　　這場訪問題為「哈利波特之後的人生」(Life After Harry Potter)，是在愛丁堡舉行的，當年羅琳就是在這個城市寫出《哈利波特：神秘的魔法石》(Harry Potter and the Philosopher's Stone)，至今整套「哈利波特」系列在全世界卻已經售出了超過四億本。在寫完這個系列的五年之後，羅琳坦承自己當時花了許多個月想念哈利和他的朋友們，甚至想念自己沉浸於創造那個魔法世界的感覺。

　　羅琳在創作「哈利波特」系列的十七年中承受了相當大的壓力，以至於她在一間旅館中寫完《哈利波特：死神的聖物》(Harry Potter and the Deathly Hallows) 之後，不禁大哭了一場，同時把旅館房間小冰箱裡的各種酒類拿出來喝掉，又大醉了一場。羅琳剛開始寫這個系列不久，她母親就去世了，享年才四十五歲，生前因為多發性硬化症 (multiple sclerosis) 而受苦了十年。羅琳感傷地敘述母親多年來一直支持她，又想到自己剛開始寫這個系列的時候一貧如洗，寫完時卻身價億萬，不禁感慨萬千。

　　羅琳說她對《臨時空缺》的出版感到非常興奮，卻比當初出版「哈利波特」系列的時候還要緊張。她不需要出版這本書，卻覺得自己非繼續創

作不可。她提到自己當年創作「哈利波特」系列的靈感產生於一趟火車之旅，《臨時空缺》這本書的靈感卻發生在飛機上，所以只要把她放在一個移動的交通工具裡，靈感就會源源不絕而來啦。

《臨時空缺》這本書的場景設在英國的一個看似寧靜安詳的小鎮。小鎮議會中的一個代表不幸過世了，各界鎮民為了爭取這個空缺，竟然暴露出一系列隱瞞多年的惡習和醜聞。羅琳說自己一向喜歡設景於十九世紀的文學作品，讀者可以真正深入作品中各個主角的內心世界，觀察他們如何互動，在此互動的過程中又對周遭所有的人事物造成什麼巨大而深刻的影響，即使是什麼都不做，也可能改變事情發展的結果。她覺得自己終於著手寫這一類的作品，其實是難以避免的。

羅琳說自己在創作《臨時空缺》的過程中哭了許多次，也同意本恩說這本書比較陰鬱的形容詞。這本書的重心是一個非常令人感傷的故事，特別是威頓 (Weedon) 一家人，單親媽媽吸毒成癮，兩個孩子因此而被社會局收管，也就是十六歲的晶兒 (Krystal) 和三歲半的羅比 (Robbie)。晶兒是典型的迷惘少女，在學校裡霸凌別人，在個人和家庭生活中卻極力想維持一切正常，內心惶恐不安，生怕失去所有。她不是一般讀者心中的「女英雄」(heroine)，因為她並不完美，然而她懂得關懷別人，更有對於生命的野心，只因為環境的逼迫而必須看著許多珍愛的目標就這樣離她遠去。

晶兒的一切都得自己努力爭取，她沒有父母照顧，基本上也沒有受過任何教育，自然難以有機會求上進，則社會應該用什麼樣的態度來看待她呢？羅琳說當今的社會發展有許多問題讓她感到憤怒，其中之一便是整個社會看待窮人的態度：各界政客和媒體經常把窮人當成一個沒有名字、沒有面貌的整體來討論，一個龐大而單一性的團體，卻忽略了其中每一個個體本身的複雜困難和心情。羅琳非常誠懇地強調自己曾經也是這個無名團體的一份子，她知道貧窮是什麼滋味，更知道窮人被整個社會如此看待的時候會有什麼感覺，因為個人的獨特性就在這種忽視性、籠統性的對待過程中喪失了，這是生命價值的一種被剝奪。

羅琳在創作這本書的時候一度想將之題名為 Responsible，特別是考慮到人們必須負責任的態度。我們每個人都必須為自己的幸福快樂負責，

為我們和家人與朋友之間的關係負責，特別是每個人作為社會群體一部份的責任，對那些生活在社會邊緣的弱勢團體和個人的責任。後來她在創作過程中必須研究地方議會的結構和選舉過程，在閱讀相關書籍的時候讀到了 Casual Vacancy 這個詞，因此而深深感到悸動。這個詞的意義不只是「臨時空缺」，更表達了一個人的死亡：死亡可以如此輕易而簡單地發生 (casual)，對於那些失去所愛的人而言，卻是一輩子的刻骨銘心。她記得自己的母親去世的時候，整個世界似乎應該就這樣完結，然而事實不是這樣，死亡只是這樣輕易地發生，又這樣輕易地過去而被人遺忘了。

羅琳也想到了因為死亡而造成的空缺 (vacancy)，足以在每個人生命中造成的空虛，《臨時空缺》這本書因此也和每個人一生中各式各樣的空虛有關，書中每個角色的生命中都有某種缺陷和空白，因此產生無盡的追索、需求和渴望。有些人想讓自己習慣於這種空虛，或透過吸毒、暴飲暴食、氾濫的性關係或暴力婚姻、甚至霸凌別人來逃避這種空虛感，因此這也是一種填補空缺的臨時策略，再次符合了這個書名。簡言之，羅琳不認為這本書適合兒童和青少年閱讀。

羅琳說自己在現實生活中認識許多人，他們為了生活而必須遭受的痛苦掙扎，他們的絕望與無助感受，都透過書中的各個主角表達出來。她坦承自己只能用誠實的態度把這些生命中的黑暗面寫出來，因為她自己的人生也有過極度的黑暗，一度還必須依靠社會福利救濟金過活。她說，一個人活到那樣貧窮的程度，很自然地就會接觸到許多同樣絕望和無助的人，這是許多沒有這種體會的人所難以了解的。如今整個世界都看到羅琳成功的光彩，然而她說，就算她死，這一輩子也不會用別人看待她的眼光來衡量自己。在她心中，對自己如今擁有的一切只有感恩，卻永遠不能坦然處之。

羅琳說她曾經一再警惕自己要小心在意，不要輕易浪費或失去了這種成功，因為她知道失去一切、墜入絕望的深淵，究竟是什麼感覺。或許有人認為她這樣有錢，根本不需要再創作了，她卻覺得自己可以不為出版或收入而創作，卻非得創作不可。她說，人們的問題應該是：她為什麼要出版，且用自己的名字出版？這是一個難以回答的問題，卻也是一個公平的

問題。她只覺得自己在創作的時候感到無比的舒暢自由，正因為她不需要考慮出版或收入的問題，在創作上便能徹底地順心如意。儘管如此，羅琳說，一個作家真正想做的其實還是和讀者對話。任何人都可以宣稱創作只是為了實現自己的夢想，但是大部份的作家都是為了被閱讀而寫作的。創作的樂趣之一便是能和讀者進行對話，而這也是羅琳最喜歡做的事。

如果說羅琳不在乎各界對於《臨時空缺》這本書的評價，那其實也不正確，但是她也承認，剛寫完「哈利波特」系列時，她所感受到的自由和舒暢，已經到了讓她根本不在乎別人會有什麼正面或負面評價的地步，因為不管別人怎麼說，她都已經盡力了，也不會改變自己一路走來的這段旅程。如今羅琳對新作《臨時空缺》的感受也是一樣：她當然希望各界讀者會喜歡這本書，也希望能鼓勵讀者深切思考其中引申的各種課題，則不管讀者在看完書之後的感覺是歡喜讚嘆還是痛恨厭惡，至少他們都閱讀過，也思考過（而不是只由這本書的封面來做輕率的評價），那就夠了。

作家其實也和每個人一樣，會害怕受到傷害，會自我捍衛，會希望被社會群體接受，連羅琳這樣有名而成功的作家也不例外。如今的出版界面臨劇烈、迅速而全面的轉變，和羅琳當年創作「哈利波特」系列時的景況已經有天壤之別，她興奮於自己能再度踏入出版界，卻坦承自己是個比較傳統的作家，也希望能和比較傳統的出版社合作。為了《臨時空缺》的出版，她和 Hachette 有相當誠懇且透徹的討論，她要找一家堅持編輯品質的出版社，特別考慮到這本書和她先前的作品實在太不相同，出版社必須願意接受挑戰，更願意接受羅琳有可能一敗塗地的假設。羅琳說自己會繼續創作，但是她堅持要有創作上的絕對自由――這也包括了和新書一起徹底垮台的自由。

訪問最後，羅琳面對了全世界讀者最想提出的問題：她會繼續寫「哈利波特」系列的第八集嗎？她說這雖然「實在不太可能」，卻不是「絕對不可能」。如果她真的有什麼好點子，就一定會採取行動，但是如果她不寫下去，也不會感到遺憾或必須對讀者負責。她說自己喜歡為兒童讀者寫書，也喜歡寫書給成人讀者看，對於自己能在這兩種文類中自由涉獵，她只有感恩。

《手癢的譯者》

　　看完這段訪問，我深深感動於羅琳的誠懇，她首先的身份是一個苦盡甘來的平凡人，第二個身份才是作家，而她的人生經歷也充份表現在她的創作態度上：只能盡力而為，對最後的成果處之泰然。我同時感動於她對新書的期許和付出，她的認真和執著，以及她多少想要繼續前進、不再被讀者和書評們拉著回頭看的心態。她在面對「哈利波特」系列是否會有續集這個問題時，臉上的表情幾乎是緊張而惶恐的，深怕被永遠規範在讀者的渴望和需求之中，而失去了自己的創作自由。我感動於她堅持繼續奮鬥的心志和勇氣，也祝福《臨時空缺》這本書能受到各界歡迎，更希望台灣能早日翻譯出版這本書，讓讀者能體驗一個完全不同的羅琳和她筆下的現實世界——「哈利波特」系列的魔法世界雖然美好而充滿魅力，我們畢竟活在現實生活裡。《臨時空缺》這本書的封面設計也是一張選票的樣式：作家已經盡力，也希望讀者在看過這本書之後自由投下支持或反對的一張票。

－－原載於 2012 年九月二十九日

悼澳洲國民作家布萊思・寇特內

　　當代澳洲最著名、也最成功的作家布萊思・寇特內 (Bryce Courtenay) 於昨（十一月二十二）日去世了，享年七十九歲，我晚上看到新聞，不禁落下淚來。他最新的作品 Jack of Diamonds 剛於十一月十二日出版，正是欣發蓬勃、喜氣騰騰之運，沒想到這本書卻成為他最後一部出版的作品。

　　寇特內的生平，凡是熟悉他的讀者都知道，不知道的人也可以輕易上網搜尋。他一生創作過二十一部作品，每一本都是紮實的巨作，每一本也都是家喻戶曉的暢銷書。只可惜，台灣讀者接觸寇特內的時間太晚（2008年），出版界至目前為止也只翻譯過他的四部作品——《一的力量》(The Power of One)、《自由之心》(Tandia)、《家傳大煎鍋》(The Family Frying Pan) 和《愚人節說再見》(April Fool's Day)。

　　寇特內在澳洲的知名度或許是台灣讀者難以了解的。有人讚許他是當代澳洲的查爾斯・狄更斯 (Charles Dickens)，無論是在作品的產量、知名度和普及度上，都是頗為精確的形容詞。我在澳洲到過許多親朋好友的家裡，幾乎每個人不分職業，不論長幼，不管喜不喜歡讀書，更無須分辨政治、經濟、社會、文化或宗教背景，家裡都會有至少一本寇特內的書，而我最常看見的正是 Four Fires 這本重量級作品，每次都會有重逢老友的欣喜。

　　Four Fires 這本書，當初引薦寇特內的文學經紀人將之翻譯為「四種火」，我卻翻譯成「燁焰」，也不管是否合理，只要合（我自己的）情即可。這是我看的第一部寇特內的小說，書中的文字平實而有家常味，剛開始看的時候覺得有些瑣碎（用「碎碎唸」這個詞來形容很是正確），後來看出韻味來，就欲罷不能了，全心全意隨著書中各個小人物的生活轉折而起伏情緒，越看越覺得每一個平凡人的生活中其實都有不同凡響的精彩篇章，所有篇章交織在一起，便是一個大時代的縮影，史詩般的壯闊之中又有細膩的刻劃與抒情，感性之中兼有理性，自此便對寇特內的作品深深著迷。

我也看過《家傳大煎鍋》（我自己的翻譯是「家傳寶鍋」），這本書的原文極為優美深沉，不是任何（！）中文翻譯所能比得上的。《一的力量》和《自由之心》（原名是「譚蒂亞」）精彩絕倫，《愚人節說再見》則只在看完第一章之後就停了――書中的文字太憂傷，一面看一面哭，只好掩卷。至於寇特內的其他作品，在此其實一言難盡，但是那許多個安靜的夜晚裡，一頁一頁讓自己沉浸在書中人物的悲歡離合遭遇裡，好像聽一個老友娓娓道來熟悉親切的生平，感受到的只有溫馨。

　　也許有人會覺得在當前忙碌繁瑣的生活中，像寇特內一類的長篇小說作家令人不耐，因為很少有人願意花時間來閱讀平易有味的家常文字，也很少有人不期待各種緊張、驚悚、刺激、乃至於詭異的文學情節。但是寇特內的作品就是這樣：你必須花時間靜下來閱讀，把自己的心靈澄空，充份擁抱那些幾乎是卑瑣的小人物，才能真正感受到他們的感情，也才能真正地感動。

　　說「小人物」是不錯的，因為即使是《一的力量》中的皮凱 (Peekay) 和他那隻年高德劭的雞爺爺（Grandpa Chook，翻譯成「楚克爺爺」並不妥當，因為 chook 本來就是雞），或是《家傳大煎鍋》裡的那個揹著平底鍋走天下的老婦人，或是「澳洲三部曲」(The Australian Trilogy) 裡的每一個在這片南方大陸上掙扎求生過、愛過也活過的主角，其實都是普通的小人物，都一樣在大環境、大時代的洪流裡翻滾沉浮，不能自主。看寇特內的作品因此就像是閱讀一部活生生的澳洲歷史，你必須用心去愛她，去親近她，更多的時候也必須耐心地容忍她，否則她在你眼中永遠都只會是遙遠而陌生的一個國家。

　　眾所周知，「生如夏花之絢爛，死如秋夜之靜美」是印度詩哲泰戈爾 (Rabindranath Tagore) 在《飛鳥集》(Stray Birds) 之中的句子。如今寇特內已經逝去，我卻想用這哲人的句子來悼念他。新聞裡播放了一段錄像，是寇特內於死前兩個星期的十一月八日所拍攝的對於所有讀者的告別，當時他已經知道自己不久於人世，錄像中的他也看起來清瘦憔悴。他一生提攜後進作家，積極參與各界藝文活動，早在 1995 年就獲得了著名的「澳大利亞勳章」(Order of Australia)，更於 2010 年被澳洲郵政 (Australia Post)

《手癢的譯者》

尊崇為澳洲的文學傳奇，肖像永遠鑲在郵票上。這樣一位有成就的作家，死前在錄像中卻只是謙卑、誠懇、坦率地向讀者致意：「謝謝，謝謝，更多的謝謝。」看到這裡，讓人不流淚也難。願你安息，寇特內。你的讀者懷念你。

――原載於 2012 年十一月二十三日

《手癢的譯者》

第三部：我見我聞

《手癢的譯者》

《手癢的譯者》

自己的房間

　　最近在讀《巨流河》這本書時，看到作者齊邦媛女士描寫抗戰時期大學生在四川省樂山市的「茶館文化」：

　　「我至今仍羨慕至極的茶館文化，大約是男生的專利吧。……泡一盞茶可以坐上半天，許多人的功課、論文、交友、下棋、打橋牌、論政都在茶館。他們那樣的生活是女生無法企盼的，在那個時代沒有任何女生敢一個人上街閒逛，也沒有人敢上茶館。在一千多學生中，男女生的比例是十比一，卻是兩種截然不同的世界。多年後，我讀到維吉尼亞‧伍爾芙 (Virginia Woolf) 的〈自己的房間〉(A Room of One's Own)，知道世上女子尋求知識時，現實的困境相同。不同的時代都有不同的期待、不同的困境，但男女很難有完全的平等。」

　　儘管我十分欽仰齊女士的作品，個人膚淺的才識和有限的人生經驗卻使我無法完全了解她筆下的深沉智慧和洞見，這是很遺憾的事。（例如，在受到《巨流河》的啟迪之前，我對抗戰時期大學生們在四川體驗「茶館文化」的認知還停留在瓊瑤的《幾度夕陽紅》裡，何慕天和李夢竹在重慶沙坪壩的「南北社」聚會。）在讀過齊女士這樣溫文儒雅的學者著作後，實在很難自由自在地寫文章高談闊論，畢竟我自以為是、更以為傲的海闊天空其實只是井蛙之見。在參天大樹前面，我這渺小輕賤的野花怎麼還能自以為美麗呢。

　　所以這篇文章其實寫得很心虛，也請讀者們將就看看吧。想說的是，齊女士在《巨流河》一書中兩度引用伍爾芙的長篇論文〈自己的房間〉，特別是後者的那句名言：「一個女人如果想要寫小說，一定要有錢，還要有一個自己的房間。」(A woman must have money and a room of her own if she is to write fiction.) 這讓我想到了其他文學作品和電影中，眾多為了追尋自己的一片天空而必須裝扮成男性的女主角。我同時也想到，其實何止是上茶館或寫小說，就算是單純的求學求職、或是盡孝父母，傳統女性往往也得突破萬難，非得採取激烈而空前絕後的手段不可。

看到這裡，讀者們當然會想到中國文化史中的祝英台和花木蘭。祝英台「遊學遠方，習禮知書廣人網，原是女身暗掩裝」，結果「人在遠方，身處書齋感迷惘，尤幸與山伯結黨，夜唱詩畫畫作，賞雨看星說文學，熱情暗生不可自抗」。相較之下，花木蘭倒是沒有談情說愛，但是她「萬里赴戎機，關山度若飛；朔氣傳金柝，寒光照鐵衣」，十二年之後還能安然回歸故鄉，「脫我戰時袍，著我舊時裳；當窗理雲鬢，對鏡貼花黃」，確實是十分幸運——至少比心碎而死的祝英台要幸運多了。

　　我同時也想到猶太裔美國作家、1978 年諾貝爾文學獎得主的艾薩克・巴什維新・辛格 (Isaac Bashevis Singer) 的短篇故事〈楊朵：一個猶太神學院的男孩〉(Yentl the Yeshive Boy)。這個故事號稱「猶太版的梁山伯與祝英台」，描述一個名叫楊朵的女孩堅持追求讀書和辯論經典的夢想，竟然女扮男裝到猶太神學院去就讀的經過。這個故事原本以意第緒語寫成，出版年月不詳，然而同樣也是猶太裔的名歌星和演員芭芭拉・史翠珊 (Barbara Streisand) 早在 1968 年就表達了將其改編成電影的意願，甚至親自寫了長達四十二頁的劇本，因而在 1983 年正式拍成電影《楊朵》，獲得奧斯卡最佳原創音樂金像獎，以及最佳導演和最佳影片金球獎。

　　史翠珊在這部電影中演唱了許多精彩動人的歌，其中最有意義的應該算是〈重要的一刻〉(This is One of Those Moments)，描述楊朵獲知自己終於被猶太神學院錄取時的心情：

　　「有些東西，一旦你擁有了，就沒有人能奪去，沒有海浪可以沖襲，沒有風能轉移，沒有火能摧毀，沒有時間可以消磨殆盡，而這些東西現在都將成為我的。我可以暢遊歷史，擷取我需要以面對未來的知識。我的父親和他的祖先們所學到的知識，都將任我用眼睛和耳朵學習。我可以暢遊知識之樹組成的森林，聆聽每一片樹葉的授課。我可以打開所有的門，從架上拿下所有我夢寐以求的書。我可以問所有的問題，『為什麼』和『在哪裡』，而解開人生的所有謎團。就像一道連結過去和未來的金鍊，聯繫我和下一代的孩子們，我現在可以成為這永續不斷的河流的一部份，它也始終存在於我的血液裡。」

　　這首歌深切表現出一個飽受傳統文化和社會背景限制的女子如何渴望

求知和追尋自我的心態。實現自我潛力本來是人類最基本的權利之一，然而古今中外有太多人為因素限制了這個自然本能，因而產生「女子無才便是德」的偏見，甚至引以為規範。我覺得這種偏見的可怕力量，不只在於其造成整個傳統文化和社會對於女性發展的諸多限制，更在於女性本身因為這種偏見長久以來的「潛移默化」而改變了對於自我的看法，甚至以為是「自然而然」。這就像是許多到了「適婚年齡」的女性一方面抱怨父母家人要求她們趕快結婚生子的壓力，一方面卻也暗自焦急自己會不會變成「老處女」或「剩女」的心理一樣，殊不知「適婚年齡」依個人心智成熟狀況而有所不同，「老處女」或「剩女」心態卻多半是社會整體、甚至也包括女性對於自我和彼此的批評與鄙視。

　　《楊朵》這部電影中的猶太裔女孩最終回復女兒身，祝福那頗有「大男人意識」的「梁山伯」和其女友有情人終成眷屬，自己則毅然決然地到美國深造。然而這個「光明」的結局卻受到原著短篇故事的作者辛格大力抨擊：「楊朵為什麼要去美國？難道波蘭和立陶宛沒有足夠的猶太神學院供她學習嗎？難道在史翠珊心中，楊朵的美好結局就是去美國嗎？楊朵在美國又能做什麼？難道她得每天在工廠裡做十二個小時的工，連一點追求知識的時間都沒有？又難道她會試著嫁給一個紐約的推銷員，搬到布朗克斯或布魯克林去租一間有冰箱和食物櫃的公寓？」

　　在辛格的短篇故事裡，楊朵在被「梁山伯」揭穿自己原是女兒身的實情之後，強調自己「不是男性也不是女性」，只有「存在於女性身體裡的一個男性靈魂」，甚至願意一輩子以男身生活。我覺得這是一種性別認同的危機，也是對於女性肉體和靈魂的一種貶抑，更反映出傳統文化和社會的現實，彷彿只有男性靈魂或具備男性靈魂的女性才真正有能力追求自己的夢想，又彷彿只有男身才能過著有意義且幸福快樂的生活。這雖然是傳統生活的現實，卻不代表其是正確而不能受到挑戰、乃至於顛覆的。

　　那麼女性在批評傳統文化和社會的種種不公之餘，又能做些什麼，以符合現代文化和社會的需求，進而利用各種條件和機會追尋夢想，達成實踐自我的目標？我覺得答案之一還是可以在伍爾芙的長篇論文〈自己的房間〉中找到——在那句令人津津樂道、廣為引用的「一個女人如果想要寫

小說，一定要有錢，還要有一個自己的房間」之後，伍爾芙接著又說：「這個論點並沒有能解決最重要的問題，也就是『女人』和『小說』的真正本質。」(That…leaves the great problem of the true nature of woman and the true nature of fiction unsolved.)

　　換句話說，如果女性不能深切體認，所謂的「錢」和「房間」無法透過對傳統文化和社會的抗爭、乃至於和男性的妥協而得來，而是必須出於自尊自重、自立自強心態的調理和解放，由自己刻苦奮鬥而心安理得地贏來，則女性就算有了錢，有了自以為屬於自己的空間，終究也不能創造出足以激勵人心的真正好作品。

　　後記：最近看到報導，齊女士的《巨流河》在中國推出簡體版，必須刪去三萬字，甚憾！

－－原載於 2010 年十二月六日

《全面啟動》的啟示

這次耶誕節收到的好禮之一是電影《全面啟動》(Inception，2010年發行，或譯為「盜夢空間」或「潛行兇間」)，這兩天有空，終於欣賞了這部慕名已久的電影，也果然沒有失望。在網上搜尋了一下，發現許多人對這部電影的爭議都在於最後一幕中的男主角科布 (Dominick Cobb) 終於能和兩個孩子團聚，究竟是不是在作夢？

關於這一點，老牌演員麥可・肯恩 (Michael Kane) 在電影中飾演科布的岳父和導師，他在一次訪問中說，因為他的角色在電影裡從來沒有出現在任何人的夢中，所以其在最後一幕的現身，代表了科布並不是在作夢，那個旋轉不停的小尖陀螺最後也終究倒了下來。

我覺得這部電影的精彩之處就在這裡：觀眾經歷了將近兩個半小時的如醉如痴，心馳神迷於電影中的各種特殊效果和懸疑情節，在電影結束之後還欲罷不能，不知道何者為真實，何者又為夢境。也許我們在看電影的時候都做了一場夢，到最後雖然夢醒，卻還依依不捨夢中那比現實還要真切的虛幻。

根據報導，導演克里斯多佛・諾蘭 (Christopher Nolan) 早在 2001 年就寫成了這部電影的基礎腳本，奠基於他自十六歲起便有的「清明夢境」(lucid dreaming)，也就是知道自己在作夢而能控制夢境發展的能力。他想探索的問題是：如果一個人能透過夢境而進入他人的潛意識，則這種力量可以如何被善用或濫用？特別是在科技發達的今天，所有資訊都可以透過電腦和媒體系統進行儲存或傳達，唯一不能被人偷走的，只剩下每個人腦中的想法和記憶。然而如果真的有人能進入他人腦中竊取資訊，又會產生什麼嚴重的後果？

諾蘭原本想拍的是一部恐怖片，然而令人欽佩的是，他願意花十年的時間磨鍊自己拍攝大型動作片的知識和技巧，因此而有了 2005 年發行的《蝙蝠俠：開戰時刻》(Batman Begins)、2006 年發行的《頂尖對決》(The Prestige) 和 2008 年發行的《蝙蝠俠：黑暗騎士》(The Dark Knight)

等三部精彩電影的產生。更有意義的是，在這十年中，他不斷改進《全面啟動》的腳本，先後加入「夢境培育」(dream incubation)、「非真實記憶」(false memories) 和「內省錯覺」(introspection illusion) 等概念，並且在邀請李奧納多・狄卡皮歐 (Leonardo DiCaprio) 加入演員班底之後，加強了對於電影男主角科布的感情和人格探索。

我想像一位藝術家在十年之間如何細心打造自己的夢想，一步一步紮實自己的基礎，不斷充實自我，激勵自己超越一項又一項艱難的挑戰——這是如何令人驚喜讚嘆的毅力！而諾蘭在構想電影拍攝的時候，也受到了和1999年發行的《駭客任務》(The Matrix) 同時期的幾部電影的影響，其中包括1998年發行的《極光追殺令》（Dark City，或譯為「移魂城市」）、1999年發行的《異次元駭客》(The Thirteenth Floor)、以及《記憶拼圖》（Memento，或譯為「兇心人」或「記憶碎片」）。這四部電影探討的都是現實和虛幻之間的關係，乃至於不同的記憶版本如何能影響人與人之間的關係，甚至人和自己的關係。

如此看來，《全面啟動》的成就確實驚人。我覺得這部電影最傑出的地方在於，其不但探討了「隱私權」的終極概念，也就是對於個人記憶和思想的竊取和保護，更能往前又跨一大步，結合植入記憶和思想的概念。當然，對於「非真實記憶」的探索是一個很常見的科幻小說題材，例如菲利浦・狄克 (Philip K. Dick) 於1969年出版的短篇小說〈記憶總動員〉(We Can Remember It for You Wholesale) 於1990年被改編成電影《魔鬼總動員》（Total Recall，或譯為「全面回憶」），就是一個例子。

然而我覺得《全面啟動》能在重新探索記憶和思想植入概念的同時，更明確指出幾項相關原則，使這個概念在理論上更完整，確實是這部電影的聰明之處。首先，潛意識的動力在於感情，而非理智，而積極的感情又遠勝於負面、悲觀的感情。正如電影中的「造夢者」亞莉雅寧 (Ariadne) 所說的，即使是夢境的構建也取決於感情，而非只是視覺印象。

其次，記憶和思想足以影響一個人的性格和立身處世的方式，尤其是受到感情支助的記憶和思想，足以形成這個人存在的基礎。這正是為什麼科布警告亞莉雅寧，在建構夢境的時候不能使用個人記憶。這也是為什麼

科布自己的夢境總是會受到妻子茉兒 (Mal) 的干擾，連其他人在分享他的夢境時也會受到影響。

再來便是記憶和思想的竊取，以及相對的保護概念。一個人的潛意識能在夢境中進行自我保護的任務，這是與生俱來的本能，更可以透過訓練而勇猛精進，面面俱到。竊取者必須有能力提醒自己身在夢境，因此而使用各式各樣的「圖騰」(totem)。相對之下，被竊者雖然不一定有能力分辨自己是否在作夢，其潛意識卻能像人體中的白血球一樣本能地標示出外來物，乃至於進行封鎖、攻擊、消滅等任務。

最後則是記憶和思想對於人格控制到極致時的危險性，也就是對於潛意識和夢境的執著，以及對於現實的放棄。茉兒在混沌 (limbo) 中待了五十年，科布為了帶她回到現實而在她心中植入了「一切都不是現實」的概念。這個概念在茉兒心中茁壯成長，即使在真正回到現實之後，還以為自己尚在夢中，因此以為自殺可以帶她回到那個她心目中的美好世界，也就是當初的混沌。相對之下，齊藤 (Saito) 也在混沌之中過了一生，卻在晚年能幸運地被科布再度「接引」回現實，重拾美好年輕的生命，而不必在悔恨之中孤單寂寞地等死。這兩個情節轉折說明了信念的重要，也是唯一能對抗被錯誤記憶和思想控制的潛意識的方法。

我喜歡電影中的科布最後終於能放棄對於妻子茉兒的眷戀回憶，他的理由是：無論他的想像力多豐富，心中又多麼渴望和茉兒長相廝守，他的潛意識對於茉兒的投射 (projection) 永遠也不能創造出一個像曾經在真實世界中活過的茉兒那樣複雜、充滿各種完美和不完美的女人，因此他夢境中的茉兒只是現實生活中的茉兒的陰影。「妳是我所能創造出的最好的投射；但是我很抱歉，妳畢竟還是不夠好。」這是身為專業人士的科布所做出的精確判斷，雖然只是一個夢中人物的改變，卻徹底改變了他的一生。

值得一提的是，電影中的「亞莉雅寧」這個名字出自希臘神話，她是克里特島米諾斯國王 (King Minos of Crete) 的女兒，也就是天神宙斯 (Zeus) 和女神歐羅巴 (Europa) 的孫女。米諾斯命令著名工匠代達羅斯 (Daedalus) 建了一座迷宮 (labyrinth)，然後把妻子帕西菲 (Pasiphae) 和海神波塞頓 (Poseidon) 所賜的公牛所生的兒子、半人半牛的怪物彌諾陶洛

斯 (Minotaur) 關在迷宮裡，每年要夯在一次戰爭中打了敗仗的雅典人進貢七對童男童女給怪物食用。後來雅典王子忒修斯 (Theseus) 自願被進貢，米諾斯的女兒亞莉雅寧愛上了他，給了他一把劍和一個紅色線團，讓他在進入迷宮之後又可以脫身而出。（工匠代達羅斯和兒子伊卡洛斯 (Icarus) 後來被米諾斯關在迷宮裡，只好用蠟把羽毛黏成翅膀而飛出，結果伊卡洛斯飛得太靠近太陽，翅膀上的蠟融化而解體，結果摔死，這是大家都知道的典故。）不幸的是，亞莉雅寧和忒修斯私奔之後又被他拋棄，後來嫁給了酒神戴奧尼索斯 (Dionysus)。

——原載於 2011 年一月三日

筆友的藝術

最近突然興起了交筆友的念頭,一方面是新年新希望,一方面要感謝《巧克力情緣》(Mary and Max) 這部動畫電影。這部 2009 年發行的電影是澳洲導演亞當・艾略特 (Adam Elliot) 自 2003 年的《裸體哈維闖人生》(Harvie Krumpet) 以來首次發表的作品,短短九十二分鐘的黏土動畫,竟費了五年和超過一百二十個專業人員的共同努力才完成。

《巧克力情緣》的主角是年僅八歲的女孩瑪麗,她臉上掛著一副大眼鏡,其貌不揚,也沒有什麼朋友。在一次偶然的機會下,住在澳洲墨爾本郊區的瑪麗和住在美國紐約市的麥克斯成為筆友,這位四十四歲的中年男子同樣也過著寂寞的日子,兩人便開始了一段在書信中無話不談的友誼,彼此訴說自己在日常生活中異想天開的想法和行為,也彼此慰藉、鼓勵,分享自己愛吃的巧克力棒。

這段友誼終究改變了他們的一生,其間有誤解,有體諒,有急切的渴望擁有,更有終於了解之後的寬容和釋放。歡悅和悲傷可以同時存在,持續的期許和失落也成為兩人生活的重心,因此而感染觀眾的情緒,共同為他們的喜樂而微笑,為他們的痛苦而落淚。

我在讀過相關資料之後非常感動,因此也想到了其他幾部和筆友有關的電影。比方說,在 1962 年發行的《強人》(The Strong Man) 這部默片中,來自比利時的保羅在第一次世界大戰的歐洲戰線上廝殺拼命,因為美國筆友瑪麗的書信而獲得了生存的力量和信心。戰後的保羅到美國去找瑪麗,卻不知道她的模樣,只好每次看到一位女士就上前探問對方的大名。我想像這樣一個有著滄桑故事的小人物在茫茫人海中尋找一個和他相知相許的心靈,甚而沒有一張照片可以慰藉,那是多麼寂寞而又充滿堅持的旅程。

到了 1966 年,一個名叫魯本・卡特 (Rubin Carter) 的黑人拳擊手因為涉嫌謀殺而被捕,因為一連串的錯誤蒐證程序以及相關證人和警方的謊言而被判入獄。當年二十九歲的他年輕有為,前途光明,到 1985 年美國聯邦

法院終於判定他當年所受的審判不公而還他清白自由的時候，他已經將近五十歲了。在這二十年間，卡特刻苦自修，寫成自傳《第十六個回合》(The Sixteenth Round)，於 1974 年出版，引起知名歌手瓊・貝茲 (Joan Baez)、巴布・狄倫 (Bob Dylan)、羅貝塔・傅雷克 (Roberta Flack) 和拳王穆罕默德・阿里 (Muhammad Ali) 等人的關切，並試圖為他平反，卻不成功。

1980 年，一個名叫萊斯拉・馬丁 (Lesra Martin) 的黑人少年在讀完這本書後和卡特成了筆友。馬丁出身於紐約市的一個問題家庭，因為父母親的酗酒和暴力問題而從十歲起就必須外出工作賺錢，因此到了十六歲還是文盲。後來他有機會接受善心人士的幫助，到加拿大去讀高中，後來更獲得了人類學和法律兩方面的學位。當年十七歲的他到監獄去探視卡特，兩人互相勉勵，透過一群加拿大社會公益份子的協助奔走呼籲，終於能在卡特於 1982 年第二次審判失利之後繼續奮鬥，促成了他在兩年後再次上訴的成功。這一切經過後來改編成電影《捍衛正義》（Hurricane，又譯為「龍捲風」），由著名影星丹佐・華盛頓 (Denzel Washington) 主演，並於 1999 年發行，是一部感人至深的作品。

2002 年發行的《心的方向》（About Schmidt，又譯為「關於史密特」）也是一部和筆友有關的電影，改編自美國小說家路易斯・貝格里 (Louis Begley) 的同名作品。電影中的史密特贊助了一個坦桑尼亞小男孩的成長，並在兩人的書信往來之中回溯了自己一生的遭遇和年老以後的心境轉變。

的確，透過和筆友的聯絡，一個人可以深切反省自己的個性和待人處世之道。筆友和一般良友之間的差別在於空間和認知上的距離，在寫信、寄信到等信、收信的這段期間，兩方面都可以一再回味彼此的心情傾訴，乃至於期待下一次的交流，因而達成和對方、也和自己溝通的目的。有人認為現代筆友因為網路和電子郵件的發達而能更加親近，交流的方式也幾乎是立即而直接的，然而我卻以為傳統筆友關係的優勢正是兩方之間的遙遠距離，唯有兩人都願意長久地付出耐心和關懷，才有可能促成深度、完整且彼此尊敬的友誼。

1998 年發行的《電子情書》(You've Got Mail) 改編自 1940 年的《街角的商店》(The Shop Around the Corner) 這部電影，當年的詹姆斯・史都華 (James Stewart) 和瑪格麗特・蘇勒文 (Margaret Sullavan) 換成了湯姆・漢克 (Tom Hanks) 和梅格・萊恩 (Meg Ryan)，早期的書信往來也變成新潮時髦的電子郵件，然而一個人在現實和虛擬世界裡可以有不同的身份與人格，卻是一個不變的概念。現實生活中的兩方可以仇視到恨不得把對方碎屍萬段的地步，在書信或網路溝通的過程中卻可以為彼此傾心，乃至於生死相許。我想像一個人在不同的時空環境裡可以採用不同的代號，恰恰象徵了個性中不同的面向和特色，因此筆友之間非得透過長期的深入溝通才能對彼此有所了解。如果能達到這個程度，則現實生活中的對方究竟是何許人也，或許也並不重要了。

這期間的另一個關鍵當然在於誠實，畢竟身份代號可以輕易改變，連容貌也可以假裝，一個人喜怒哀樂的性情和立身處世的態度與風格卻改變不來。2005 年發行的《波士頓的耶誕節》(Christmas in Boston) 體現了這個道理，安排電影中的男女主角從十二歲開始做筆友，一直到二十五歲時準備相見，一起在波士頓度耶誕節。這次會面很可能會有圓滿的結局，然而兩人因為缺乏自信，十三年來交換的照片都不是自己的，而是他們更為英俊貌美的朋友的影像。如今要見面了，兩人在慌亂之下，不約而同地都請自己的朋友代為出馬，結果兩位朋友竟然愛上對方，讓男女主角更是手足無措。

我再度想起《巧克力情緣》中的瑪麗和麥克斯，兩人都面對過無數的艱難困苦，生活也不能算是幸福快樂，然而這兩位筆友之間的喜怒哀樂至少都是平實而坦誠的，因此可以無愧於心，在生命中的某些時刻感到抱憾之餘，對彼此也不會有歉疚。希望全天下所有的筆友都能誠實以對，無論是在現實或虛擬世界中，都能衷心懇切地和對方分享生活觀感，則不但自己的生命能得到充實，也可以為對方的人生增添許多色彩。

——原載於 2011 年一月十日

寫信的藝術

　　距離你上次收到別人寄來的信，一封真正的信，而不是廣告或帳單，已經有多久了？

　　距離你上次提筆寫一封信給自己心愛或想念的人，在字裡行間盡情訴說自己的心情，而不只是更新臉書或三言兩語寄出一封電子郵件，又有多久了？

　　去年一月，我寫了〈筆友的藝術〉這篇文章，提到交筆友的經驗可以幫助一個人深切反省自己的個性和待人處事之道：「筆友和一般良友之間的差別在於空間和認知上的距離，在從寫信、寄信到等信、收信的這段期間，兩方面都可以一再回味彼此的心情傾訴，乃至於期待下一次的交流，因而達成和對方、也和自己溝通的目的。有人認為現代筆友因為網路和電子郵件的發達而能更加親近，交流的方式也幾乎是立即而直接的，然而我卻以為傳統筆友關係的優勢正是兩方之間的遙遠距離，唯有兩人都願意長久地付出耐心和關懷，才有可能促成深度、完整且彼此尊敬的友誼。」

　　當時寫這些字句的時候，我剛開始進行一個交筆友的實驗，如今差不多也一年半了，僥倖還能和兩位異國的朋友保持書信往來。我的字跡實在見不得人，所以寫信都是用電腦打字，然後列印出來，裝入信封，貼上郵票。對方的地址只能用手寫，也多虧異國的郵差能耐心辨認，安全地把信送到朋友手中。

　　兩位朋友總是很快地回信，不像我那樣拖拖拉拉。每次看到朋友手寫的信紙好多頁，說些我能了解或實在難以想像的生活體驗，我總是會有感恩的心情，覺得自己何德何能，竟然能受到遠方某個人的眷顧。我想像自己是一個獨自穿越宇宙的旅客，在浩瀚黑暗的天際遊蕩，偶爾和另一艘同樣也是孤獨無比的太空船交掠而過，我望出駕駛艙的窗口，可以遙遙地看見對方和我搖手招呼的身影，然後彼此便遠離了，再也沒有回頭重聚的機會，也永遠不知道對方是誰，來自哪一個或光明璀璨或即將毀滅的星雲。

　　當年徐志摩寫下那首〈偶然〉的時候，是不是也有類似的心情呢？

《手癢的譯者》

　　今晚在網路上閒晃，不經意地看到一份網路雜誌發起的 Letters in the Mail 活動。凡是參與這個活動的讀者，每個月只要付美金五元（約相當於新台幣一百四十五元），就可以每星期收到一封信，真正的信。這些信有的是手寫，有的整齊打字列印，還有的充滿塗鴉和訂正，它們的作者是雜誌的特約作家，許多人都在寫信的時候附上了自己的回郵地址，讓收信的讀者也能坐下來寫一封回信給他們。

　　雜誌這樣形容這個活動：「想像這是你在整個網路和電子郵件時代開始之前，從你充滿創意的朋友們那裡收到的信件。」我剛讀到這句話的時候覺得很好玩，心想，難道現代人真的內心空虛寂寞到這種程度，越是透過網路和電子郵件保持聯繫，越覺得自己逐漸遠離了心愛或想念的人？難道我們越是處在聒噪熱鬧的資訊時代，我們的內心也越是轉變為無聲的真空，因為實在一無所有，所以就算我們丟了思想進去，也無法產生回音？

　　越是深思這個問題，越覺得其中大有內涵。正如《紐約時報》(The New York Times) 在評論這個活動時所言：也許這一類的活動只是為了拯救業績委靡不振的美國郵政，但是這種草根性的活動確實足以振興日漸消逝的「寫信」這種藝術。這些信件的作者發現這是一種極具創意的活動，可以直接和讀者產生聯繫，在收到讀者回信的時候也特別令人振奮。另一位提筆寫信的作家說，透過這種活動，人與人之間能從網路上的電子形式聯絡「復古」到單純用紙筆和對方取得聯繫，重新建立一種連結，這彷彿代表了不同形式的通訊科技都能徹底發揮其特有的功能。《紐約時報》的結論是，也許這種活動能鼓勵更多的優秀作家發聲，並進一步精進他們的文筆。

　　我不知道這一類的活動有沒有可能拓展到全世界，儘管目前網路上已經出現了類似的呼籲，包括希伯萊語、俄語和泰語。如果你也對這種活動有興趣，可否留言幾句？

──原載於 2012 年六月十六日

出版這塊大餅

　　加拿大女作家瑪格麗特・愛特伍 (Margaret Atwood) 以《洪荒年代》(The Year of the Flood)、《盲眼刺客》(The Blind Assassin)、《女祭司》(Lady Oracle) 和《末世男女》(Oryx and Crake) 等鉅著享譽文壇。她最近在美國的一場探討數位出版做為「為出版業創造改變的工具」(Tools of Change for Publishing) 的業界會議中,發表了極為精闢的演說,題名為「出版這塊大餅:一位作家的看法」(The Publishing Pie: An Author's View)。

　　1939 年出生、如今高齡八十二歲的愛特伍走上講台的時候,看起來就像一位深居簡出的白髮老婦,在聚光燈下的眾人面前有些手足無措。然而她有些羞怯而又無比坦誠的聲音,配上含意深遠的演講內容和無人能比的幽默風趣,以及自己手繪了童稚圖案的投影片,在在顯示出這位作家的深刻和歷練,絕對值得所有讀者、論者、出版者和其他作家的尊敬。

　　由於這場會議的主旨在於幫助出版業者進一步了解數位出版的發展方向、成就和潛力,愛特伍的演講自然也是以出版者為主要聽眾。她首先指出,出版其實只是一種對於資訊的公開,無論其中牽涉到什麼樣的資訊。不管採取何種公開方式,過程又為何,出版的本質只是在於把資訊「從一個大腦傳輸到另一個大腦裡」而已 (a mode of transmission…from one brain to another brain)。即便是近年來已經把歐美出版界鬧得人仰馬翻的數位出版,也只不過是一種出版的工具。

　　愛特伍指出,數位出版作為一種工具,就像任何其他的工具一樣,有利也有弊。她用一張畫了一把刀的投影片來解釋這個道理:刀刃的鋒利足以切割東西(有利的一面),卻也可以拿來殺人(有害的一面),更可以在使用的時候不小心割傷自己的大拇指(愚蠢的一面)。

　　愛特伍說,作家和出版者一樣,在面對數位出版轟轟烈烈的浪潮襲來之時,不免也會手足無措。然而她的第一個建議是「不要驚慌」,因為任何人一但害怕到轉身逃走,看起來就像是眾人想要追捕的獵物了。

《手癢的譯者》

　　愛特伍勸告（勸誡和警告）所有的出版者，在追隨並推動數位出版這股浪潮時，千萬不要忘了最基本的資訊來源，也就是作家。她以加拿大的麋鹿為例指出，一隻麋鹿死後，其屍體可以餵食超過三十種以上的生物，因此是食物鏈中極為重要的一個環節。

　　愛特伍認為「作家就像死鹿」(dead moose)，這句話引起全場聽眾的哄堂大笑，卻是千真萬確的事實。如今有太多的行業必須依賴作家和其作品生存，從各級學校教學到出版者和經紀人，再到編輯、校對、評論和書商，甚至圖書館員，更不用說是無數的美編和印刷業者，還有那千千萬萬的公關與宣傳人士。

　　愛特伍指出，目前在全世界的作家中，大約只有百分之十可以全職以寫作維生，其餘百分之九十都必須另外找工作，或是透過其他管道謀生。（這些管道包括了繼承遺產，嫁娶富人，讓有錢的父母撫養，四處演說講學，乃至於嘗試像搖滾巨星那樣開演唱會等等。愛特伍自己開玩笑地推薦「繼承遺產」這個管道，鼓勵大家多多運用，讓觀眾笑得樂不可支。）

　　無論如何，基於作家作為資訊提供者的重要地位，各界出版者無論是依照傳統模式發展，或是追趕（乃至於帶領）數位出版的巨大潮流，都應該好好照顧作家，給予適當的尊重和無比的協助。簡言之，以出版這塊大餅而言，作家能分享到的份量比率應該大為提高，不論是在傳統和數位出版兩方面，都應如此。如果出版社進一步要求作家透過各種形式進行自我行銷，例如經營部落格、成立個人網站、使用臉書 (Facebook) 或推特 (Twitter) 等，因而剝奪了作家珍貴的寫作時間，那麼作家自然有權利要求分到更大的一塊出版大餅。

　　愛特伍的演說獲得了全場觀眾的熱烈掌聲。在回答問題的時候，愛特伍指出，她自己有兩台電子書閱讀器，在旅行或外宿的時候都是良伴，特別是不想在飛機上或飯店房間裡看電視的時候。

　　愛特伍事後在部落格中談到這次演講的經驗：「這場學術會議本身就是一個新觀念的綜合，像培養皿中的阿米巴菌那樣不斷滋生成長，然而其中最重要的訊息是：文學沒有死亡，閱讀也沒有死亡。人類對於好故事的興趣更沒有死亡。儘管如此，我們此刻處身於各種資訊傳輸工具的劇烈改

變浪潮之中,這是自從出版印刷革命以來,任何人都不曾經驗過的。就像當年發明印刷術的那個歷史時刻一樣,目前的我們也還在一片混沌之中,沒有人能真正預見任何結果和影響。」

——原載於2011年二月二十四日

既然要來，就準備好吧！

　　網友日光小孩日前發表〈就算你不喜歡，它還是要來！〉一文，標題前面註明是「他山之石」，果然也是一篇「可以攻錯」的絕妙好文，發人深省。這篇文章同時引用了出版界前輩老貓先生的〈台灣的電子書時代，現在開始倒數計時了〉，同樣也是見解精闢的好文章，值得各界對數位出版和閱讀潮流有興趣的讀者、論者和作者借鏡。

　　我自己的這篇文章，主要是想為這兩位網友的大作做個註腳，提供一些我自己的看法和期許。（前兩天才寫過一篇探討「附驥尾」行為的文章〔見〈附驥尾和史蒂芬‧金〉一文〕，在這裡馬上就實踐起來，希望能借用兩位網友的名聲而有機會扶搖直上也。）

　　日光小孩在文章裡提到，「我一直在思考一個問題：為什麼電子書要努力模仿紙本書？」當真是大哉問也。其實「國內電子書閱讀器頻頻標榜可直排、可翻頁、可劃線、可做眉批等等功能」，同時「廠商也似乎一直以紙本書為設計開發藍本」，其目的除了「希望能幫助紙本書讀者無痛過渡到電子書的閱讀」之外，恐怕也是因為每個人的閱讀習慣就像個性那樣難以改變，與其消極對抗，不如積極迎合。

　　就國內廠商標榜的電子書閱讀器的四個功能來看，直排固然是中文閱讀的習慣，真正就電子書的閱讀經驗來說，翻頁功能卻可能是畫蛇添足，同時現代讀者也不一定都有劃線和做眉批的習慣，廠商還得別出心裁充實電子書閱讀器軟體的功能，頗為麻煩。然而如果廠商能像日光小孩那樣跳出原有的思考框架，在發展閱讀器的時候不單純只是模仿紙本書，而能真正善用電子書的優勢，則對讀者的吸引力必定更大，閱讀經驗也能更為順暢便利。這優勢有三：

　　其一是搜尋功能，也就是讀者能在閱讀過程中任意以關鍵字搜尋電子書的內容，特別是有心從事文學評論或研究的人，能迅速找到自己有興趣的段落文字。

　　其二是連結功能，也就是手指輕輕一點就能任意抵達電子書的每個特

定的章節段落,除了在目錄頁特別有用,讀者更可以輕易參閱本文之外的部份,例如導讀、序言、註解和附錄。

其三是文字、語音和影像的結合功能,也就是電子書本身內容的豐富性,比傳統紙本書只能在特定頁數刊出黑白或彩色照片的作法更為自由,也能讓讀者的閱讀經驗更豐富而多樣化。

值得注意的是,上面提到的三種電子書的優勢,不但對製造電子書閱讀器的廠商而言是一種挑戰,對於電子書的出版者和作者而言,更是一個前所未有的商機。正如日光小孩所說:「紙本書的市場已經有限了,如果電子書硬要來搶,是有多少錢可以賺啊?」如果作者和出版業能打破傳統紙本書的創作和製作模式,透過搜尋和連結功能的運用,以及文字、語音和影像的結合,創造發展出多采多姿的作品,鼓勵讀者積極參與電子書的內容,而不只是消極的接收文字,那麼這種新式的閱讀經驗必定能吸引更多人接觸電子書,甚至予以駕馭。

就國外電子書閱讀器的開發而言,在妥善運用上面提到的三種電子書的優勢之餘,還有幾項特殊功能,是值得國內廠商借鏡的。首先是字體的轉換和尺寸變更。有讀者以為閱讀電子書對視力有害,卻不知道電子書閱讀器的放大功能對視力有限的讀者而言其實是一種福音,讀者更能選擇自己喜歡的字體,進而使閱讀成為一種享受。其次是上面提到的「文字、語音和影像的結合功能」的延伸,也就是讀者和電子書之間的互動,在國外已經成為新一代教科書發展的利器,也使電子書閱讀器成為教學和學習過程中不可缺少的工具。最後則是電子書的管理和索引功能,也就是讓閱讀器本身成為一座攜帶式的小型圖書館,配合上面提到的搜尋和連結功能,讀者可以輕易管理、調整、引用自己的閱讀內容,則對整體而深入的文學體驗也有莫大的助益。

就國外電子書的創作和製作而言,正如老貓先生所說,出版業已經到了有能力同時推出紙本書和電子書的地步,並且能在出版合約中同時對兩種版本進行授權。這種成就當然有其優點,也就是書種的增加和閱讀方式的多樣化,配合電子書閱讀器的大量促銷,乃至於電子書閱讀軟體的免費下載和安裝,特別是電子書比紙本書便宜許多的價格,因此能吸引大量的

讀者參與。當然，老貓先生在文章中提到了最重要的一點，也就是暢銷書單的提供：排行榜上的每一本新書都有電子版本，讀者當然願意選購，痛快淋漓，欲罷不能。

然而國外的出版業在同時推出紙本書和電子書的同時，往往忽略了作者在電子書出版方面的權益，這種問題目前已經有所改善，卻多少是各界作者聯合起來大力呼籲的結果，值得改進的空間也還很多。僅僅在六個月到一年之前，許多正常定價的紙本書卻有著價格極為低廉的電子版本，作者收不到電子書的版稅，更不能在出版社開放各界圖書館出借電子書之後得到任何實質回饋。到了今日，許多專門製作電子書的出版社紛紛崛起，更多的作者透過出版電子書而出頭，各種已經絕版或成為古董的文學作品也得以再次暢銷。更重要的是，這些出版社提供作者至少百分之五十的利潤，有些以出版電子書為主要業務的網站更把這種利潤提高到電子書售價的百分之七十、八十的地步。這是一個可喜的現象，不但是出版業對於作者的回饋，更是對於其權益的尊重和保護。正如加拿大作家瑪格麗特‧愛特伍 (Margaret Atwood) 的語重心長：「以出版這塊大餅而言，作家能分享到的份量比率應該大為提高，不論是在傳統和數位出版兩方面，都應如此。」（見〈出版這塊大餅〉一文）說到底，數位出版終究也只不過是一種出版工具，最基本的資訊來源在過去、現在和將來都依然是作者。

當前有一個很好的例子：英國作家 E.L. 詹姆絲 (E.L. James) 的《格雷的五十道陰影》(Fifty Shades of Grey) 由 2009 年十月成立的「作家咖啡館出版社」(The Writers' Coffee Shop Publishing House) 出版為原創電子書（也就是直接以電子書形式創作，而不是紙本書的附庸），每本定價美金七點九九元（大約相當於新台幣兩百三十五元），可用於四種最暢銷的電子書閱讀器（Kindle、Sony eReader、iBook 及 Nook），其同時也有傳統紙本，定價卻不便宜（美金十九點九九元，大約相當於新台幣五百八十九元）。這本電子書出版後不久，便爬升到亞馬遜網路書店付費電子書排行榜的前五名，如今則被美國著名的藍燈書屋 (Random House) 以超過百萬美金的價格簽下全球英語版權，重新發行紙本書，首印量達到二十五萬冊。值得注意的是，這個成功的例子說明了電子書在發掘新生作家上的優

勢，卻也很明白地展現了出版社所必須做的努力，也就是對於作家的尊重和栽培。

那麼，這些國外的作法，對國內電子書的創作和製作而言，又能產生什麼借鏡呢？在這裡想提醒讀者的是，以下提出的幾點建議純粹為個人看法（也就是偏見啦），如果可以對讀者產生些許幫助，那當然最好，然而如果讀者願意由此而更進一步深入了解、甚至學習其他先進的專業意見，那就更棒了。

首先，問題在於電子書閱讀器和相關閱讀軟體的整合。像老貓先生對於「書渴望自由」的倡議就說得相當好：「電子書應該自由。自由的意思不是免費，而是自由閱讀，自由處置。讓你買的電子書在任何機器、任何時間都可以打開、閱讀、轉移，不必被平台或機器挾持。」以台灣這個市場來說，電子書閱讀器的品牌林立，各種相關閱讀軟體也各有所長，如果能加以整合而推出一個中文閱讀軟體，同時由政府和民間團體共同贊助其研究與發展，不但能適用於各種中文電子書閱讀器，最終也能達到和國外的暢銷電子書閱讀器接軌的地步，則台灣必能奪得並保持在中文電子書市場的領先地位，作者和出版社可以放心投入電子書的創作與製作，讀者也可以安心地盡情選購各種方便閱讀的作品。

目前亞馬遜網路書店已經在和中國交涉，這代表的不只是 Kindle 電子書閱讀器的進入中國市場，更代表了中文電子書的邁向國際市場，其勢有如箭在弦上，不得不發。如果台灣能傾一國之力朝這方面發展，進一步打破堅持繁體中文的意識形態而能兼顧簡體中文的閱讀，則在和國外暢銷電子書閱讀器業者的交易上必能拔得頭籌，也算是為全世界的中文閱讀市場和無數讀者盡力。

如果眾多電子書閱讀器和相關閱讀軟體不能整合，那麼退而求其次，同一本電子書如果能適用於各種閱讀器和閱讀軟體，則接觸讀者的機會越多，被讀者選購的機會也越大。這方面的優勢固然要靠出版社多方接觸、交涉、研究、比較，同時投注人力、時間和金錢來求發展合作，作者本身也可以廣為涉獵，甚至在不久的將來更會像老貓先生所預言的，在出版產業鏈重組的效應之下產生「經紀人」這種角色。然而無論這個市場怎麼發

展,作者扮演的還是最重要的角色。唯有作者願意突破傳統出版形式的藩籬,在創作內容、形式乃至於心態上加以創新,中文電子書的市場才有真正茁壯成長的可能,畢竟本土的讀者最想看、也最能了解和接受的還是本土的作品。

　　老貓先生在文章中指出:「台灣現在就處在電子書市場起飛的倒數時刻。平台有了,機器有了,轉檔技術成熟了,當翻譯書的電子授權也開始進入市場,這最後的條件也就具備了。」在不久的將來,出版社在購買國外作品的時候必須考量是否要一併買下電子書的版權;買了電子書的版權就要付費,這是天經地義的事;然而如果出版社不買電子書的版權,則可能另外由出產電子書閱讀器或相關閱讀軟體的公司買下,甚至由專門出版電子書的交易平台出面購買,則會出現同一部作品的紙本書和電子書互相競爭的狀況,對讀者而言,不啻為一種福音。

　　儘管如此,我並不完全同意老貓先生在〈如果出版社會沒落,出書的品質誰來把關?〉一文中的預言,認為在不久的將來,電子書暢銷的時代裡,「出版社可能還在,但所有那些編校排版行銷會變成一種服務。出版社變成服務公司,失去主導產業的角色。產業由電(子)書平台和作者主導。出版社不會消失,只是變成配角。跟紙書時代,印刷廠由主角變成配角的歷史很像」。舉例來說,最近因為《絲之屋》(The House of Silk) 一書而大紅大紫的英國作家安東尼・赫洛維茲 (Anthony Horowitz) 在刊登於英國《衛報》(The Guardian) 的〈我們還需要出版社嗎?〉(Do we still need publishers?) 一文中指出,傳統出版社對於作者的貢獻有四:宣傳 (promotion)、行銷 (marketing)、編輯 (editing) 和預付版稅 (advance)。且不論新出道的作者很難有機會贏得行銷和預付版稅的機會,所謂的宣傳有時候也不能對上作者本身的胃口,至少在編輯這方面,是作者絕對不能缺少的。編輯的責任不只是「編校排版」,更在於書中的文字情節和整體氣氛的掌握,確保作者的水準、品味和節奏能前後一貫,引導作者更精確地表現出故事和各個主角的精髓,在必要的時候更予以當頭棒喝,督促作者維持其本質。換句話說,出書的品質只有經驗豐富的編輯能把關,不是任何人(包括作者)可以輕易做到的。

有讀者可能會反駁，在電子書暢銷的時代裡，任何人都能隨便出書，書的品質良莠自然有讀者來判斷，不好的作品終究會被淘汰，市場機制便能決定優秀作品的勝出。這種看法有其道理，然而出版社的品牌是靠多年來對於優秀品質的堅持而創立的，其老牌的編輯對出版市場整體的發展與轉變也有深刻的認識，不是任何人單憑野心和資本就能取代。一個品質參差不齊而內容浮濫的文學市場是不可能長久吸引讀者的，不管是紙本書或電子書都是如此。今日許多新成立的電子書出版社也許確實扮演了服務的角色，然而他們能否長久維持旗下眾多作者和作品的高水準和優秀品質，卻還有待觀察。與此同時，傳統出版社如果能在本身嚴格把關品質的口碑和品牌基礎上進一步跨入電子書的市場，在出版紙本書的同時也能製作出高品質的電子書，則對於電子書的推廣必定有所助益，對整體市場的開拓也能產生主導的功能。

　　這篇文章寫得落落長，到此也該結束了，原本還想討論翻譯和「數位版權管理」(Digital Rights Management, or DRM) 的問題，卻只好留待下次了。

－－原載於 2012 年三月十二日

《手癢的譯者》

「附驥尾」和史蒂芬・金

「附驥尾」是我一向喜歡的一個詞。漢代王褒的《四子講德論》有這樣一句:「附驥尾則涉千里,攀鴻翮則翔四海」,指的是某人因為仰仗別人而成名。然而司馬遷的《史記‧伯夷列傳》說:「顏淵雖篤學,附驥尾而行益顯」,司馬貞在寫索隱的時候認為顏回多少是靠了孔子這個老師而能成名,彷彿當學生的本來就應該名不見經傳,直到老死也應該是個普通人似的。

「附驥尾」這個詞如果出自「附」的人口中,當然就有自謙自抑的感覺,如果從被「附」的人口中說出,就有自大自滿的意思了。話雖然這樣說,對於新生作家而言,「附驥尾」應該是令人夢寐以求的一件事吧,能有高人提攜一把,從此一帆風順,豈不快哉!就算自己被別人比作「蒼蠅」,提攜的那人卻是眾所矚目的「千里馬」,誰知道呢?也許十年風水輪流轉,透過這一次抬頭的機會,也許他們有朝一日也能成為讓世界歡聲雷動的冠軍。

與此同時,我卻覺得,如果「千里馬」有心提攜後進,能慧眼發掘有天份、有潛力的新生作家,然後慷慨地讓對方「附」一下,那才是難得的一件事。「千里馬」當然不會隨便讓各界所謂的「蒼蠅」之流蜂擁而入,如果真要提攜,也必定在事前做好功課,先了解對方的長處和缺點如何,再考量自己有什麼確實可以提出協助的地方。這是作為「千里馬」的紮實和對人對己的誠意,絲毫不濫用名聲。

更進一步而言,「千里馬」能看到後進的天份和潛力,主要也是出於自我坦誠開放的心胸,不因為些許的成就而自滿自傲。「千里馬」當然有足夠的自信,不必像周公那樣恐懼流言,其卻也具備無窮的好奇心和謙虛的性格,相信自己確實在提攜後進的同時,也可以從對方那裡學到許多東西,所以不會像王莽那樣假惺惺地恭謙下士。「千里馬」在願意被「附」的同時,心裡很清楚自己所得到的回報必定比付出的要多。以作家而言,這是對於大環境的深切了解與期待。願意被「附」的作家,其付出當然是

透過提拔新人而能對文學界整體做出的一種貢獻，其所得的回報卻包括了不同世代的作家之間持續而深入的交流，對於創作之為藝術的一種並肩探討和心得分享，以及作家同時也是讀者，在閱讀新人作品而感到驚喜讚嘆之餘免不了也會產生疑問追索的興趣，便能就此得到答案。

蘿倫‧葛洛絲坦 (Lauren Grodstein) 是在美國新澤西州羅格斯大學 (Rutgers University) 講授創作的一位教授，她的處女作 Reproduction is the Flaw of Love（暫譯為「愛情的缺陷在於生育」）於 2005 年出版，雖然廣受好評，卻沒有能讓她一鳴驚人。到了 2009 年，葛洛絲坦出版了第二部小說 A Friend of the Family，台灣的獨立版權經紀人譚光磊先生在推薦這本書的時候把書名翻譯成「失控的父愛」，這篇文章也在此借用。

《失控的父愛》雖然是美國亞馬遜網路書店 2009 年十一月的編輯首選作品，兩年多以來卻似乎沒有受到各界太多的青睞，直到今年三月，恐怖小說作家史蒂芬‧金 (Stephen King) 特別就這本書和葛洛絲坦進行了公開對談，這才突然大紅大紫起來。這次對談是在新罕普夏州的一所中學體育館舉行的，原本預定的場地是一家書店，實在容納不下兩百多位觀眾。對談也同時在網路上播放，並在網上接受讀者和觀眾提問。

這次對談活動的主辦者是出版《失控的父愛》的 Algonquin Books，他們聽說金不但讀過這本書，更大加讚賞，便探問這位著名作家是否願意和葛洛斯坦進行一場公開對談，沒想到他竟然答應了。

金的名聲當然是許多觀眾願意長途跋涉來欣賞這次對談的主要原因，然而他當天穿著毛衣、牛仔褲和球鞋，一點也沒有盛氣凌人的感覺，反而能適切地把觀眾的注意力完全集中在葛洛絲坦身上。他在開場白中說：「（葛洛絲坦）寫了這樣一部絕對精彩的小說，我喜歡這本文學作品的懸疑性和架構。」他在對談中針對書中人物的塑造提出了許多問題，特別是各個主角的個性、心理與行為，以及他們的行動對自己和他人所造成的影響。這些問題的深刻性，充份顯示出他對於這本書的了解和欣賞程度。

金在對談中進一步引導葛洛絲坦暢談自己的創作歷程和心態，以及她的出身背景如何對作品造成影響。當葛洛絲坦說到自己欣喜於獲得出版的成就，卻也有花費好幾年卻寫不成一部小說而感到挫敗的經驗時，他點點

頭，表示自己也有相同的體會：他總是有一個關於一個坐輪椅的男孩在沙灘上放風箏的構想，卻一直無法將之發揮成一個故事。

關於這次對談，金的官方網站只是簡單地宣佈了時間和主辦單位，原本預定舉辦對談的書店 Water Street Bookstore, Inc. 則善意地提醒各界有興趣參與的讀者：這次活動是為了推廣葛洛絲坦的《失控的父愛》，所以金可不會回答任何問題或簽書喔！這一點，他也確實做到了，整場對談的光彩集中在葛洛絲坦身上，金只是個心甘情願靠邊站的訪問者而已。

一位成名作家充份欣賞另一位作家的作品，並選擇進行公開對談，這對所有的愛書人而言，應該就是一件值得興奮的事了。在文學界裡，真希望這種「附驥尾」的行為能更常發生。

後記：有興趣觀賞整場對談的讀者，請移駕至網路欣賞。對談看起來似乎很久，事實上只有二十分鐘，其餘的時間都在回答觀眾的問題。

有些人似乎覺得這場對談十分無趣，不知道金為什麼要做這種「無聊事」，訪問一個「索然無味」的作家，深入討論一本「索然無味」的書。事實上，我也讀過一些網友評論，認為一些作品明明有這位著名恐怖作家的推薦，讀起來卻似乎不怎麼樣？他是不是太浮濫地稱讚別人呢？

我自己覺得，金對於這些作品的看法當然都只是他自己的意見，別人不一定贊成，也不必贊成。與此同時，至少就《失控的父愛》而言，這本書的文學性比較濃厚，和一般所謂的「大眾文學」或「通俗文學」（也就是一般人認為金足以成名的那種作品）不一樣，因此讀者如果以看待金的恐怖小說作品的標準去閱讀這本書，可能就會產生截然不同的感受。進一步而言，也許金也想展現出自己在所謂「嚴肅的文學作品」方面的造詣，畢竟一般人對他的判斷都已經固定成套，他一生中也被批評過無數次「不入流」，「不足以登大雅之堂」。我覺得金如果真的有意這樣做，那麼他畢竟是相當有自信的，願意公開接受讀者的挑戰和評斷。

－－原載於 2012 年三月十日

《末日之旅》：大眾題材的純文學史詩

　　加斯汀‧克羅寧 (Justin Cronin) 的《末日之旅》(The Passage) 早在 2010 年三月就被介紹到台灣，如今這本書即將於八月出版，許多網友也刊出了精彩的試閱心得，因此這篇文章並不想重覆各界名家所提出的許多精闢見解。在這裡想寫的，主要是《末日之旅》和恐怖小說大師史蒂芬‧金 (Stephen King) 於 1978 年出版的《末日逼近》(The Stand) 的一些比較。

　　2010 年出版的《末日之旅》是一部優美至極、卻也悲傷至極的重量級作品。儘管其題材是近年來流行的「浩劫後」，儘管這浩劫乃由美國軍方實驗失敗而產生的一群類似「吸血鬼」的變種人類所造成，儘管在全書的情節轉換之間經常可以看見其他作家或作品的影子（特別是金），這本書還是一本不可多得的傑作，值得讀者細細品味。

　　讀《末日之旅》會讓人希望所有的讀者都有機會直接享受其流暢優美的英文：書中的許多片段都值得大聲誦讀，因為視覺不足以傳達那種優雅和深沉，而非得用聽覺一併沉浸不可。克羅寧的創作態度無疑是嚴肅的，筆下的控制力極強，因此能給讀者撼動而非煽情的感覺。作者在下筆時極有分寸：每個篇章的轉折往往令人驚異，在達到震撼的效果之後才娓娓道來前因後果，讀者在習慣之後便能體會那種「山窮水盡疑無路，柳暗花明又一村」的感覺，並且讚嘆這種人為的安排已經昇華到堪稱自然的地步。

　　如果比較《末日之旅》和《末日逼近》，讀者會發現兩者都是以美國軍方的實驗開始，前者出錯而創造出一批殺人魔，後者則失敗而導致殺人病菌的傳播，然而兩者最終都造成美國人口的滅亡。《末日之旅》沒有直接寫出災難的產生和經過，只透過幾位主角的輾轉觀察和回憶來點出末日來臨時的驚慌和絕望。相較之下，《末日逼近》安排多位主角直接體驗災難的重創和傳播，因此給人的震撼比較直接。

　　《末日之旅》把相當大的重心集中在災難發生的將近一百年後，一個自我保護多年的殖民地即將崩潰，其成員只好冒險外出尋求生機，長途跋涉去探索一絲希望。這部份的多位主角，每個人都有自己的悲傷故事，整

體更因為共同求生的欲望而能團結。他們追尋、發掘自我的過程幾乎比追索人類命運生機的努力更重要，他們彼此的探索和互動也因此而成為這本書最令人欣賞的部份之一。

相較之下，《末日逼近》著重在災難發生之後不久的人類求生和社會重建，還沒有能從家破人亡的悲痛驚駭中恢復的人們來自美國各處，他們的長途跋涉因此是一種療癒，在掙扎求生的過程中也同樣進一步認識了自己和彼此。《末日之旅》裡的殖民地建立已久，在經營、治理和防禦上都極有條理，《末日逼近》裡的移民社會卻才誕生，許多行之已久的道德規範和行為準則都受到挑戰，有的秉持，有的卻被推翻。

《末日之旅》和《末日逼近》同樣從多位主角的視點觀察災難，前者看入內心，後者則看向外在。兩本書中的多位主角都對將來充滿未知的惶恐，然而《末日之旅》的大多數主角們都很清楚地知道自己必須抵禦的敵人是誰（主動攻擊和大規模的戰鬥是後來才產生的意念），也就是單純殘暴嗜血、幾乎無堅不摧的變種人類；只有一兩位主角能體會這些異物的深刻悲傷，而透過他們的眼光發掘了這些怪物的殘存人性。

相較之下，《末日逼近》裡的善惡對決就很明顯，大多數主角們能秉持基本的人性規範團結合作，開發自然而重建社會，他們的純善因此和足以掌握科技卻又純粹以暴制暴、處心積慮想挑起戰爭、建立虐政的邪惡一方產生對立（最主要的惡霸其實只有一人），更不用說是神和撒旦兩種勢力若有似無的介入或操控，多位主角在信仰和迷信之間的掙扎，以及他們在大我和小我之間的選擇。《末日逼近》裡沒有怪物，只有一群再普通也不過的人努力以自己所知的最好方式求生存。

有趣的是，《末日之旅》和《末日逼近》同樣打出一張 wild card，也就是不按牌理出牌的未知數，在緊要關頭都產生了決定性的作用，也令人驚嘆兩位作家的巧思。這兩本書同樣以科羅拉多州為重要背景之一，也同樣把某種神秘黑暗勢力的運作地點設在拉斯維加斯，更同樣有個新生嬰兒降臨，一個極老卻也極有智慧的女人，還都有一隻善體人意的狗！

最後，《末日之旅》的續集 The Twelve 即將於今年十月出版，第三集 The City of Mirrors 則預定於 2014 年出版，因此在書的結尾並沒有把所

《手癢的譯者》

有情節交代完全，吊人胃口。相較之下，《末日逼近》本身就是一部完整的作品，儘管一般公認金於 1996 年出版的《絕望生機》(Desperation) 為續集，兩者其實是完全不相關的作品。

當初克羅寧在出書之後接受廣播電台訪問，金特別在節目中打電話去致意，極現場也極公開地稱讚克羅寧在《末日之旅》一書中達到的文學成就。金同時也讚揚這本書引人入勝，具有「只有奇幻和創意史詩才能展現的生動性」，「一旦開卷，整個普通的現實世界就消失了」。我期待《末日之旅》在台灣的出版成功，更鼓勵各界讀者千萬不要錯過這本好書。

－－原載於 2012 年七月三日

約翰・葛里遜小說中的死刑

　　約翰・葛里遜 (John Grisham) 至今寫過四部和死刑制度有關的作品，包括 1989 年出版的《殺戮時刻》(A Time to Kill)，1994 年出版的《終極審判》(The Chamber)，2006 年出版的《無辜之人》(The Innocent Man: Murder and Injustice in a Small Town) 和 2010 年出版的 The Confession（暫譯為「終極懺悔」）。其中的《無辜之人》屬於非小說，其他三部作品則是長篇小說。葛里遜素以創作法律驚悚小說聞名，然而他對死刑制度的看法，可以很清楚地在這四部作品中找到蛛絲馬跡。

　　葛里遜是「清白專案」（The Innocent Project，也有人譯為「無辜計畫」）的支持者，這是成立於 1992 年的非營利性法律組織，在美國、加拿大、英國、澳洲和紐西蘭都有分支，主要利用基因鑑定的方式證明被誤判有罪的人的清白，並且主張改革刑事司法系統，調查並宣傳出現冤獄的原因，避免不公不義的判決再度出現。根據「維基百科」(Wikipedia) 的介紹，截至今年一月二十三日為止，共有兩百六十六名美國人被誤判重罪，卻因為「清白專案」而能獲得澄清。事實上，根據研究，美國有超過百分之七十的誤判案件都是因為目擊證人的錯誤指證而造成。

　　至今年七月為止，美國一共有三十四個州執行死刑制度，其中又以德州處決過最多的人，超過全部死刑犯數量的三分之一，然而加州卻是監管最多死刑犯的地區。美國最早有文字記錄的死刑於 1608 年執行，在那之後的三百多年中，直到 1991 年為止，一共處決了一萬五千兩百多人。自 1992 年以來，至去年為止，美國一共處決了一千零七十七人。僅僅以今年而言，至九月底為止，美國就處決了三十七人，差不多每星期就有一人被處死，血液中注入三種混合藥劑：一種讓人入睡，一種停止呼吸，一種停止心跳。

　　1972 年，美國最高法院發現幾件死刑案的審理過程有問題，因而導致對於犯罪者的「殘酷而非比尋常的懲罰」，違反了美國憲法第八條修正案之禁止過度刑責以保護人權的精神，因而判決死刑制度違憲。在那之後，

美國各州開始檢討死刑審理和判決的過程,並且修改了相關法律,許多州將審判過程分為兩個階段,第一階段由陪審團決定其是否有罪,第二階段再決定量刑,最重的處罰才是死刑。到了 1976 年,美國最高法院再度裁決死刑本身並不違憲,但是審理和判決的過程必須有嚴格的標準。1977 年一月,美國再度恢復死刑的執行。從那時到今年九月底為止,一共處決了一千兩百七十一人。

美國一般大眾基本上支持死刑制度的維持。去年的一項蓋洛普 (Gallup) 民意調查顯示,至少就謀殺這項罪行而言,百分之六十四的受訪者依然贊成死刑,只有百分之二十九的人反對。儘管如此,如果拿死刑和終身監禁比較,美國大眾的意見就明顯有分歧。2001 年的一項民意調查顯示,百分之四十六的受訪者贊成死刑,百分之四十五的人贊成終身監禁,兩者的數量幾乎均等。

葛里遜對這些統計數字當然不陌生,他當過律師,雖然不見得真正目睹過死刑的執行,卻對這方面的各種議題頗有研究,也有深切的感受。在去年的一篇刊登於《紐約時報》(The New York Times) 的文章中,葛里遜提到自己在 1984 年偶爾在密西西比州的法庭裡旁聽到的一件案子,一個十二歲女孩向陪審團陳述自己被強暴、凌辱的經過,法庭裡的每個人都心酸淚下,他自己則在旁聽席裡瞪著被告席上的那個十惡不赦的罪犯,「希望自己手裡有一把槍」。

就這樣,葛里遜花了三年的時間寫出《殺戮時刻》這部小說,卻一連遭到二十八個出版社的拒絕,直到 1989 年六月才有一家名不見經傳的出版社勉強願意印製五千本。儘管 1991 年出版的第二部小說《糖衣陷阱》(The Firm,或譯為「黑色豪門企業」)讓葛里遜一炮而紅,他最鍾愛的還是《殺戮時刻》。他在這部小說中投入了新生作家的全副精力和熱情,字裡行間充滿了赤裸裸的銳氣,毫不留情地震撼著讀者,在巧妙安排的情節中更探討了許多法律內外無法避免的人道議題,緊緊攫住讀者心神,自始至終沒有放鬆。

也許這種壓力便是《殺戮時刻》當年不受歡迎的原因。這部小說的主角是密西西比州的黑人卡爾 (Carl Lee Hailey),在自己十歲的女兒被兩個

白人無賴強暴、毒打之後，憤而在他們於法院受審的時候拿槍打死他們，同時重傷了旁邊的一個警察。卡爾被控雙重謀殺，即將被判處死刑，然而支持他的黑人群眾和充滿種族歧見的三 K 黨 (Ku Klux Klan) 在法庭外針鋒相見，法庭內的爭辯、控訴和反駁過程更是高潮迭起。

卡爾的案子不只展現出美國南方至今依然存在的種族問題。事實上，葛里遜筆下的黑人和白人社群並不是一天到晚征戰不停，而是在性情、習俗、習慣和處事觀念等方面有所差異，因此自然而然地保持了距離。《殺戮時刻》中的大規模示威遊行，以及黑白民眾之間的互相攻擊和指控，無疑增加了小說的緊張性和懸疑性，然而這個故事真正的主人翁在於卡爾的辯護律師傑克 (Jack Tyler Brigance)，他雖然是白人，卻能擺脫環繞種族問題的各種歧見，甚至放棄用這些歧見來幫助自己打贏訴訟的各種機會。他的著眼點在於一個做父親的人因為女兒受到欺凌而挺身報復，究竟值不值得原諒？法律是否只有黑白兩面，完全不考慮犯罪的動機和背景？

在《終極審判》這部小說中，葛里遜繼續以密西西比州的種族問題為背景，而非真正的爭議所在。主角亞當 (Adam Hall) 是一位律師，在祖父山姆 (Sam Cayhall) 被處決前夕決定為他盡力辯護，同時在過程中發掘出極為陰暗而醜惡的家族歷史。亞當從小生活在祖父是三 K 黨頭領的陰影之下，他重新認識祖父的過程彷彿是拿一把利刀切進舊日傷口裡，唯有割去所有腐肉，讓所有敗壞的血液全部流光，傷口才有痊癒的機會。他的痛苦在整部小說中赤裸裸、血淋淋地呈現，是全書最精彩的一個角色。

而山姆無疑也是一個敢作敢當的人物。他其實沒有犯下被判死刑的罪刑，卻願意因為當年在三 K 黨影響之下所犯的各種過錯而接受處罰。葛里遜深入描述了山姆在獄中的生活，死刑犯所處的環境，受到的待遇，彼此之間可能產生的敵對或情誼，以及他們嘗試上訴或請求特赦的法律過程。如果這些還不足以吸引讀者，葛里遜更真實地寫出了死刑犯在面對終結時的心境，還有他們的家人，以及受害者的家人，在死刑犯被處決之後的心情轉變。這些描述的手法並非濫情，不使用大量的形容詞和副詞，只是透過對話和言行舉止的記錄暗示了各個主角的思想與感情。葛里遜同時擅長在同一時間過程中，透過多重不同的角度和層次，展現出多個主角對同一

件事情的反應，這讓讀者有身歷其境的感受，更能進一步了解到法律不只是一清二白，而是真正攸關生死、足以造成多人生命轉折的重要課題。

到了《無辜之人》這部非小說，葛里遜開始探討死刑制度的幾項根本問題，特別專注於審理和判決過程中可能產生的弊病，而這也是「清白專案」的初衷。這本書的主角是出身成長於奧克拉荷馬州艾達市 (Ada) 的朗恩 (Ron Williams)，因為棒球事業的不得志而嚴重沮喪，重度酗酒，大量服藥，導致嚴重的心理問題，最後被控謀殺。葛里遜透過大量的研究和訪問，在《無辜之人》這本書中回顧了艾達市警方在破案壓力下強迫並誘導朗恩承認犯下謀殺，並在缺乏（更忽視）確鑿證據的情況下依賴監獄中告密者的捏造謊言，造成朗恩被判死刑。葛里遜同時寫出朗恩在獄中當了十一年的死刑犯，不但心理問題沒有獲得治療，更因為警衛和其他犯人的長期虐待調笑而每況愈下，在心理和生理方面都受到了極大的折磨。

儘管朗恩以無辜之人的身份熬過了這許多不人道的對待，奧克拉荷馬州和艾達市政府自始至終卻沒有承認過任何錯誤，只願意花錢和解了事，而朗恩在艾達市的故鄉至今還有許多人認為他根本就有罪。儘管朗恩最後終於在「清白專案」的協助下透過 DNA 的證據而獲得平反，然而在那之後不過一年，他就病死了。讀者在翻閱《無辜之人》書中所附的照片時，看到他當年精力充沛的年輕模樣，臉上依稀有一股純真和不知天高地厚的自信，再比較他在獄中受苦多年之後的衰弱無助、神情蒼老恍惚、充滿驚恐懼怕，不禁感到心酸。

葛里遜在《無辜之人》書中的寫作手法算不上真正的報導文學，偶爾也缺乏理性而提出各種判斷和批評。嚴格說來，這並不是他最好的作品，然而他的用意很明顯，也就是為「清白專案」發聲，用自己成名作家的地位來影響美國一般大眾的觀念，提醒他們死刑制度在施行已久的同時所可能會產生的各種問題。這個立場在《終極懺悔》這部小說中更為明顯，然而葛里遜再度回到長篇小說的創作手法，在表達上更駕輕就熟，對讀者的感染力和說服力也更強。事實上，如果要了解葛里遜對死刑制度的看法，《終極懺悔》絕對是必須要讀的一部作品。

《終極懺悔》的主角是堪薩斯州的路德教派神父紀斯 (Reverend

Keith Schroeder)，在因緣際會之下接受了一個名叫崔佛斯 (Travis Boyette) 的罪犯的告解，得知他當年犯下了一樁惡名昭彰的謀殺案；然而被警方逮捕、強迫認罪、被判死刑、如今也面臨處決的，竟然是另一個無辜之人，當年才十八歲、前途無量、如今卻已經在獄中無緣無故當了九年死刑犯的唐德 (Donte Drumm)。為了救唐德一命，紀斯義無反顧地開車和崔佛斯趕到德州的史隆市 (Slone)，然而在這過程中，以及之後的許多事件起伏期間，身為神父的他開始反省死刑制度的優缺點，甚至也深入思考了宗教的意義和價值。他是一個典型的平凡英雄，一個再尋常也不過的人被捲入最不尋常的事件裡，有如陷在漩渦裡一樣不能自拔，讓讀者也跟著有歷險萬千、最後終究能起死回生的感受。

和《終極審判》相比，葛里遜在《終極懺悔》這本書中更深刻地寫出在死刑制度下，死刑犯家人、受害者家人、乃至於所有和審理及判決過程產生關係的人的處境。他的文筆偶爾透出幽默，令讀者會心一笑，然而在同時又能保持一貫「鳥瞰」式的透視觀點，也就是從不同的角度來觀察各個主角的內心情感和外在言行。看葛里遜的小說有一種循序漸進、抽絲剝繭的快感，在精彩處拍案叫絕，無時無刻卻又得抓張面紙慰藉自己的痛哭流涕，因為他說故事的本領到《終極懺悔》這部小說已經接近純熟，讀者可以在字裡行間看出他的用心良苦，進而產生反思，卻又不至於感到類似《殺戮時刻》的那種迫人壓力。基本上，《終極審判》和《終極懺悔》都是不可多得的好作品，同樣能深刻打動人心，然而後者的格局更寬廣，各種課題的處理也更為圓滑，儘管震撼力沒有前者那麼強，卻更能幫助讀者體會葛里遜的苦心。

葛里遜在《終極懺悔》這部小說中同樣寫出了死刑犯的處境，也同樣用種族問題當背景，寫出了即便是司法、執法和立法系統也可能因為各種偏見而犯下不可饒恕的錯誤的問題。這本書中不公不義的一方大有人在，然而他們或是出於個人歧見、或是因為私人欲望、或只是因為單純的愚不可及而犯錯，之後不管是真心懺悔，或依然執迷不悟，他們的決定終究徹底改變了一個無辜之人的命運，也把這人的家屬送上不歸之路。這便是葛里遜和「清白專案」所要強調的主旨所在，也是美國最高法院 1976 年的判

決重點:死刑制度並非違憲,只是在審理和判決過程中要有嚴格標準。正如金庸筆下的郭靖足以警醒楊過的那一句:好人怎能錯殺?

——原載於 2011 年十月九日

《手癢的譯者》

「電音三太子」的文化意義

　　日前拜讀了網友 Kaas 於其中時部落格「我愛城隍廟」刊出的精彩文章〈怎麼又是電音三太子〉，頗有感觸。這篇文章針對電音三太子當前所謂「台灣象徵」和「票房保證」的地位提出針砭，只因為「不管你想不想看，不管什麼活動，現在的主角幾乎都變成電音三太子」。Kaas 見證過台灣許多「文化象徵」的潮起潮落，從原住民到人體彩繪、再到八家將和正妹的轟動一時，他用公關公司的一句話批評了台灣媒體和一般大眾對於文化的無知和輕視：「沒關係啦！只要熱鬧，有畫面給電視台拍就好。」

　　Kaas 在文章中語重心長地指出：「因為用得浮濫，原本具有許多意義的原住民歌舞與多彩服裝，最後在眾人眼中成了隨便扭跳的淺碟文化；因為浮濫，在傳統廟會慶典有著重要意義的大仙尪，變成與上空彩繪美女和正妹一樣，只成為一個畫面，一個吸引記者的熱鬧開場工具。一窩瘋可以是話題，可以藉此吸引目光與人氣，但一窩瘋之後，緊接而來就是煩膩與過氣，而原本可以好好深究、發展，或有意義的傳統習俗，也會在一窩瘋後成了淺碟文化。」

　　這「淺碟文化」一詞很有意思，據說和「消費文化」、「速食文化」等詞差不多，都在強調「速、聳、俗、薄」，也據說是台灣文化為人詬病的一個問題，是當今網路時代人人追求效率和業績，卻又不願或沒有時間深思熟慮的後果。其實「淺碟文化」在台灣已經被批評得體無完膚，然而眾人的目光都在「淺碟」二字，多少忽略了「文化」的存在。所謂的「消費文化」和「速食文化」也都一樣，只因為重消費、講速度，其作為文化的存在實質和意義便被徹底否定，乃至於成為人人喊打的過街老鼠。

　　然而，文化一定要是歷史悠久、根深蒂固，像歷史博物館那樣被眾人仰之彌高、鑽之彌堅地尊崇，令人敬而遠之嗎？或者，文化的本質其實在於眾人，沒有人就沒有文化，因此各種文化現象的產生和轉變其實都只是在反映民情？

　　事實上，再沒有比文化更能親蜜地貼近人心了。文化活生生、赤裸裸

地存在於你我之間,更和我們的生活息息相關,我們無時無刻不在體驗文化、創造文化,而文化也隨時隨地塑造、改變著我們。文化不是放在書架上供人瞻仰的藝術品,不是故宮博物院裡的甲骨文字。相反地,文化是夜市裡的一盤生鮮火熱的蚵仔煎或一碗肉羹,是清早起床之後享用的燒餅油條,是我們每天上廁所必用的衛生紙,更是每個人一身皮囊之下的血肉,真切踏實地躍動著、賁張著。不管是什麼樣的文化,都是我們之為人類的一部份,無法割除,更是自然,不需要嚴肅地拿來小題大作。

如果從這個角度來看,「電音三太子」的文化意義就很明顯了,它其實就是一種活潑自然的創造,象徵著各種風土民情的完美結合,展現出人心和人性的彈性,以及無窮無盡的發展潛力。眾所周知,「電音三太子」是電子音樂和民俗藝陣三太子的結合,原型是台灣傳統藝陣中的「大仙尪仔」,也就是傳統廟會和神明出巡時所用的神偶,亦即神明的化身。至於三太子,最早佛教和道教中的護法神明,透過《封神演義》和《西遊記》的敘寫而成為「知過能改,善莫大焉」的寫照,在割肉還母、剔骨還父之後又被太乙真人或釋迦佛祖還魂,成為骨為碧藕、衣為荷葉的神人,更是玉皇大帝手下的重要將領。

這一連串的演化和蛻變其實正說明了文化本身的彈性,如果沒有人類出於方便或必要而發揮無窮無盡的想像,文化也會固滯不前,成為一灘腐水。文化的通俗同時也代表了這種想像力的普遍發揮;儘管一般都以為想像力必須獨特才能產生價值,廣為一般大眾接受的想像卻不一定就代表了煩膩與過氣,反而可以成為衡量文化滲透力的標準。更重要的是,透過形式、層次和技巧各異的再創造,同樣的文化可以因為想像力的昇華而產生迥然不同的影響。比方說,有人可以把三太子的形象塑造得福福泰泰,為他戴上墨鏡,讓他配合著各種電子音樂踏七星步,也有人可以揹著他飄洋過海,讓他在印度和泰國進行國民外交,或在洛杉磯的道奇球場伴著女神卡卡 (Lady Gaga) 的音樂跳舞,更有人可以拿他當博士論文的主題,探討宗教儀式如何轉變成動人活潑的流行文化。

我以為,學術界和文化界的真正任務不在於堅持文化必須如何深刻或嚴肅,不應該滿足於判斷文化如何通俗淺薄,或是專注於批評政府無能或

無力帶頭好好地發揚與傳承某些特定的文化成就或表徵。學者所要做的不是坐在那裡冷眼觀察文化變遷，在一切發展到了固定階段之後才來慢半拍地做總結或下定論，文化人士所要做的也不是把自己關在象牙塔裡自命清高，極力推崇文化的地位而忽略了人心和人性的基本需要。

　　與其旁觀或進行正面或負面的剖析，不如切身投入，盡情享受。承載文化的儘管是淺碟，但是碟中至少不是空無一物；無論是細細品嚐或囫圇吞棗，我們都獲得了養份，並且自然而然地把養份轉化成能量，可以進一步做更多的事。寫到這裡，我覺得網友林毓凱的文章〈電音三太子跳 Lady Gaga 還不夠〉相當值得推薦，他本身是「電音三太子舞蹈團」的一員，更能從比較文學、進而比較文化的角度，指出在國際上轉譯「在地文化」的必要性與困難性。

　　當然，「電音三太子」是否能或應該成為「台灣精神文化的代表」，乃至於其是否有必要「邁向國際」，都不是重點。我想，這篇文章的重點在於林毓凱所言，「文化認知有社會背景與生活經驗的基礎，相關社會、文化經驗的缺乏都會產生文化認知上的隔閡」，因此「電音三太子」無論是在國內或國際社會中都需要「相關文化論述的支持」，以便於產生並確立「相對應的文化概念」，探討其內涵和可能的各種書寫方式。

　　這也就是說，文化的故事其實也正是人的故事，而故事本身的好壞，其實和說故事的人無關。只要是好故事，就能感動人，不能也不需要加以判斷。只要是好故事，就算是被不同的人用不同的方式說過千萬遍，也不會令人感到煩膩與過氣，聽故事的人依然能產生感動，是為故事的價值。

——原載於 2011 年十月二十五日

淺讀《蔣介石與現代中國的奮鬥》和《宋美齡新傳》

最近讀了《蔣介石與現代中國的奮鬥》和《宋美齡新傳》這兩本厚重的大書，產生很深的感觸。前者的作者是陶涵 (Jay Taylor)，英文原著 The Generalissimo: Chiang Kai-shek and the Struggle for Modern China 於 2009 年四月出版，中文版由林添貴先生翻譯，於 2010 年三月由時報文化出版。後者的作者是漢娜‧帕庫拉 (Hannah Pakula)，英文原著 The Last Empress: Madame Chiang Kai-shek and the Birth of Modern China 於 2009 年十一月出版，中文版也是由林先生翻譯，於今年二月由遠流出版。

這兩本書是蔣介石和宋美齡這對夫婦的傳記，因此描述的差不多都是同樣的歷史事件，牽涉到同樣的歷史人物、學界評論和媒體報導，採取的觀點卻有相當差異，也因此使讀者在看這兩本書的時候，傾向於對蔣、宋兩位人物產生截然不同的看法。《蔣介石與現代中國的奮鬥》讓人看了肅然起敬，緬懷歷史陳跡，頗有「大江東去，浪淘盡千古風流人物」之感；而《宋美齡新傳》卻讓人看了啼笑皆非，回顧史實變遷，令人產生「眼看他起高樓，眼看他宴賓客，眼看他樓塌了」的冷眼。

其實歷史事件本身應該是客觀的，只不過記錄、回憶的人心態各異，分析、討論的人更有不同的立場，因此在回顧的時候便產生了不同的排列組合，引經據典的方式也各有千秋。

陶涵是美國國務院資深官員，曾服務於台北和北京的美國大使館，其後任職美國的國家安全會議，現為哈佛大學費正清研究中心的研究員。反觀帕庫拉是專業傳記作家，曾經出版過《最後的浪漫派》（The Last Romantic，為羅馬尼亞王后的傳記）和《非凡女性》（An Uncommon Woman，為德國腓特烈皇后的傳記）兩本鉅著。像帕庫拉這樣一位成功的作家，和陶涵這樣一位出身政界、外交界的學者相比，任何人是否能輕易判斷誰的眼光比較深刻獨到，誰的手法又更為犀利動人？

我想答案是否定的。事實上，在閱讀一本史書的時候，真正能影響讀

者觀感的往往不是作者，而是讀者本身的立場。即便是試圖書寫歷史的文學作品，在欣賞的時候，真正能影響論者評價的也往往不是作者，而是論者本身的素養和眼光。像龍應台寫《大江大海》，李敖跟著寫了《大江大海騙了你》，兩本書都引起無數爭議，喜愛或厭惡的人也總是辯論不休。能不能假設，這兩位作者只不過是在寫作的時候有不同的著眼點，關注的角度不同，因此而對史實產生不同的觀察和詮釋？能不能進一步假設，讚許或批評這兩本書的讀者和論者也同樣對歷史有不同的體驗與研究，因此在批判客觀作品的時候，或有心、或無意地注入了個人的主觀感受？

正因為要考慮到這些因素，我以為在創作、編輯、翻譯和出版史書的時候，特別要注重相關資料的提供，尤其是引經據典的詳細出處和適切取捨。像 The Generalissimo 和 The Last Empress 都大量引用了許多重要歷史人物的自傳或傳記，以及國內外百年以來的無數官方和私人文件檔案，一旦在引用的時候特別註明出處，同時運用邏輯進行合理的比較與判斷，同時說明分辨是非的過程，便能讓讀者和論者信服。在這一點上，陶涵的寫作就明顯比帕庫拉要來得嚴謹；他的筆調雖然有些樂觀，大致上卻頗持平，在觀察上也面面俱到。我想像林添貴先生在翻譯 The Generalissimo 這本書的過程中一定得到相當大的樂趣，因為嚴謹的學術著作本身就是一種四平八穩的舒泰，沒有情感的暗潮洶湧，在理絡上更令人賞心樂意。

至於 The Last Empress 之所以讓人產生比較鬆散的感覺，一方面固然是因為帕庫拉本身是傳記作家而非歷史學者，因此在創作過程中可能盡力避免流於學術僵化，著眼的角度也有所不同；一方面也是因為《宋美齡新傳》這本書在翻譯和編輯上不能算是完美，有時候甚至使讀者和論者懷疑它究竟是不是同樣由林添貴先生所翻譯。

上面這句話可能說得太重，然而不管英文原著的文筆如何，同樣一位譯者在下筆時或多或少都會展現出自我的文字水準和素養，這是掩藏不了的，一如作者在創作時各有特色。比較林添貴先生在《蔣介石與現代中國的奮鬥》和《宋美齡新傳》兩本書中的譯筆，後者充斥的西式語法比前者要多，後者的筆調也更為隨意而充滿時興口語。更重要的是，如果比較這兩本書的中英文版本，就會發現《蔣介石與現代中國的奮鬥》在翻譯上十

分忠實於英文原著,又能達到流暢易讀的程度,《宋美齡新傳》卻在許多地方都是依照英文原意而進行中文改寫,甚至有增加或刪減之處。

我以為,作為史書,這兩部作品最大的差別在於,前者可供有興趣深究民國創建以來史事的讀者和論者研讀,後者卻只能用來參考,一如稗官野史。之所以這樣判斷,是因為,《蔣介石與現代中國的奮鬥》是十分完整的翻譯,從學者導讀、到作者陶涵為中文版翻譯和英文版原著所寫的序言、到林添貴先生的譯後序、再到所有註釋的詳細翻譯,一應俱全,足以讓各界讀者和譯者完整了解這本書的寫作背景、過程和思路,以及其中文版的翻譯和製作,乃至於在國內外的評價。

反觀《宋美齡新傳》,我以為令人詬病之處有三。首先是所有註釋的缺乏,這是最不能讓人饒恕的錯誤,因為讀者和論者無法確定作者在引用各種歷史文獻、官方或私人檔案、乃至於個人自傳或傳記的時候是否客觀公正,更無法查證,因而容易對作者的立場和態度產生懷疑。與此同時,讀者和論者無法把這本書當作嚴肅的史書看待,因為它沒有能讓人信賴的條件。這種不信任的態度不但會影響到讀者和論者對於作者專業能力的判斷,更會影響到譯者和出版社的聲譽。

其次是作者前言和部份文字的改變與省略。帕庫拉在英文原著中以簡短的三段文字描述出宋美齡的性格,更坦承自己的創作動機,這也許沒有什麼驚天動地的重要性,卻是全書內容的一部份,《宋美齡新傳》卻將之割除,不但是對於作者的有失尊重,更是對有心了解作者立場的讀者和論者的忽視。尤有甚者,《宋美齡新傳》為全書九部、五十七章加上了中文名稱,這是翻譯、編輯或出版過程中的擅自詮釋,卻不能說是對於作者文字的忠實。最嚴重的是,比較中英文兩個版本,就會發現《宋美齡新傳》完全略去了英文原著的最後一段結論,以呈現出這本書擁有圓滿結局的假象,這同樣也是不能讓人饒恕的過失。

最後是翻譯、編輯上的缺乏統一。《宋美齡新傳》完全省去英文原著中的註釋,所以讀者和論者在看這本書的時候常常不知道內容出自何處,判斷又是否精準。書中引用了古今中外無數歷史文獻、媒體報導、以及名人的自傳與傳記,然而眾多國際人士有的註明了英文原名,有的卻沒有,

翻譯和編輯偶爾插入更正或解釋的文字，卻又像是隨手置入，有時候解釋的文字更和本文風馬牛不相及。如此一路看來，讀者和論者極容易產生莫名奇妙的感覺，彷彿是入寶山空手而回，更無從得知自己剛接觸的究竟是不是寶山，因為指路的人完全剝奪了尋寶者進行判斷的機會。

綜上所述，我以為《宋美齡新傳》在出版製作上實在有失嚴謹，令人失望。這本書的編輯一開始就聲明「作者下筆旁徵博引，乃是讀者之幸，卻往往是翻譯者與編輯的挑戰。本書涉及既廣，作者又刻意發掘新材料，筆下人物數以百計，引述資料則以千計，謬誤在所難免，幸而譯者林添貴先生廣聞強記，學識淵博，已經盡力予以發現與更正，但為求閱讀方便，不另做標示說明」，其實是一種撇清責任的態度。「閱讀方便」不應該是偷懶的藉口，因為讀者和論者今日既然有興趣閱讀史書，其即便是基本的判斷和決定能力就值得肯定，更值得尊重。如果編輯只為了偷懶而不標示出英文原著和中文翻譯之間的差別，則不但忽視了譯者的苦心，更剝奪了讀者和論者對於作者進行觀察和判斷的機會。

這本書的編輯又宣稱：「另一方面，也因作者引述資料龐大，且多為輾轉使用的二手資料，故而在史料的翻譯還原上，大大提高了難度，幸賴《傳記文學》溫洽溢教授、國泰慈善基金會錢復董事長諸位先生於史料查證、人名指認多方協助，在此一併感謝。不過，由於參考資料不足，編輯能力有限，錯誤必多，尚祈海內外方家讀者指正為幸！」這同樣是逃避現實，把書中可能有的錯誤歸到作者身上，同時在感謝他人協助的同時又不實際指出他們的貢獻，更以「資料不足，能力有限」等詞輕易脫卸了嚴謹製作編輯的責任。

我以為，編輯的責任在出版流程中之所以重大，便在於其能和譯者與其他相關學者溝通協調，盡力呈現出一部最流暢、優美而又能忠實於原著的作品。如果其確實能力不夠，就應該另請高明，或是切實在書中標示出需要或已經獲得改進的部份，以供讀者參考比較。更何況，以《宋美齡新傳》這本書的內容來看，缺乏的不是翻譯或史實查證上的專業能力，而是對於許多重要環節的有失嚴謹，比方說史料的查證和人名的指認，如果能在翻譯時就確實提出作者使用的英文人名、史料或檔案原名，則即便有錯

失,讀者和論者也可以找出正確的答案。

回到這篇文章剛開始所說的,「歷史事件本身應該是客觀的,只不過記錄、回憶的人心態各異,分析、討論的人更有不同的立場,因此在回顧的時候便產生了不同的排列組合,引經據典的方式也各有千秋」。比較陶涵和帕庫拉這兩位作者,他們對於蔣介石與宋美齡這兩位歷史人物有不同的認識,對於兩人在諸多歷史事件中所扮演的角色和所造成的影響也有不同的評價,因而寫出了截然不同的作品,The Generalissimo 和 The Last Empress 兩部作品都值得讀者和論者欣賞、研讀。至於《蔣介石與現代中國的奮鬥》和《宋美齡新傳》這兩本書,前者客觀地呈現了作者的創作本意、背景和過程,展現出譯者林添貴先生對作者筆下錯誤的觀察和指正,更提出國內外讀者和論者對這本書的評價,而後者卻只令人看到編輯的聲音。

——原載於 2011 年八月一日

文字處理的故事

最近在網路上看到一則有趣的新聞：馬里蘭大學的英語系教授馬修‧柯辰保 (Matthew G. Kirchenbaum) 近日在紐約市公共圖書館發表了一篇演說，題名為「史蒂芬‧金的王安電腦」(Stephen King's Wang)，內容卻和恐怖小說完全無關，而是探討文字處理 (word processing) 在文學創作上的歷史淵源。

最早的文字處理器 (word processor) 當然是各式各樣的筆（或者應該說是那無數隻拿筆的手），作家們嘔心瀝血，臥薪嚐膽，一筆一劃地把思想轉換成文字，彎著腰在桌前一字一句地記錄下來，希望能就此傳世。後來在西方有了打字機，英語只有二十六個字母，敲打組合當然方便，中文要打字就難過了，每個字都得特別製作一個鍵。

電腦的發明使文字處理更為方便，各種文字處理軟體提供了無數前所未有的功能，作家們在創作之餘更可以進行編輯、排版和相關設計，使文字本身除了表義之外，更可以產生美感。印表機的發明當然使作家們可以方便、迅速地把作品傳播出去，而網際網路的建立更進一步加強了作家和讀者、論者之間立即、迅速而全面的溝通。

然而柯辰保教授所鑽研的問題是，在古往今來的文學史上，哪些主流作家最先放棄打字機，轉而開始使用文字處理器，特別是電腦所提供的文字處理軟體？類似的工具應用如何影響文學作品的發展，又如何在文學中呈現？他舉了幾個有趣的例子：

丹麥皇家聾啞學院 (Royal Institute for the Deaf-Mutes) 的院長洛斯幕斯‧曼凌漢森 (Rasmus Malling-Hansen) 於 1865 年發明了一種球型打字器 (Writing Ball)，這也是最早透過商業管道銷售的打字機。德國哲學家尼采 (Friedrich Wilhelm Nietzsche) 於 1882 年買了一台，據說他當時年老，經常因為長時間閱讀、寫作而苦於劇烈頭痛，在熟悉了這台球型打字器的操作之後，他閉著眼睛也可以用觸覺寫作，因而得以繼續他的研究發表。有趣的是，尼采開始使用打字器之後，在寫作風格上竟然也產生變化，原

本簡潔的行文措詞變得簡直像電報語言一樣，他因此寫下：「我們的創作工具也會影響我們的思緒。」(Our writing tools are also working on our thoughts.)

美國作家馬克・吐溫 (Mark Twain) 於 1883 年出版了半自傳作品《密西西比河上》(Life on the Mississippi)，據說這是文學史上第一部以打字稿形式呈交給出版社的作品。幾年後，愛爾蘭作家布蘭姆・史鐸克 (Bram Stoker) 於 1887 年出版的《卓九拉》(Dracula) 裡提到這本書只是「一堆打字作品的結合」(a mass of typewriting)，也就是書中各個主角的回憶錄、筆記和信件，有論者則以為所謂的「打字作品」只是史鐸克對於當代的傳播媒體像吸血鬼那樣大量貪婪繁殖資訊的一種形容。

十九世紀晚期，以《一位女士的畫像》(Portrait of a Lady)、《碧盧冤孽》(The Turn of the Screw) 等作品出名的美國小說家亨利・詹姆斯 (Henry James) 據說喜歡大聲把作品口述給打字員聽（英文的 typewriter 一詞同時形容了打字機和其操作員，通常都是女性），有論者以為這造成了他糾結複雜的文風，想來不是他口述時反反覆覆、顛三倒四，就是打字員頭昏眼花，搞不清楚狀況。到了二十世紀，著名的「垮掉的一代」(Beat Generation) 小說家傑克・凱魯亞克 (Jack Kerouac) 於 1951 年寫成半自傳體小說《在路上》(On the Road)，據說他文思大發，在三個星期內寫成了長達三十公尺的電傳打字稿，於 1957 年出版，卻受到同樣是小說家的杜魯門・卡波特 (Truman Capote) 大肆冷嘲熱諷：「那不是創作，只是打字！」(That's not writing, it's typing!)

到了 1970 年代，以《沙丘》(Dune) 系列科幻作品出名的法蘭克・赫伯特 (Frank Herbert) 可能已經開始用八吋的電腦軟碟 (8-inch floppy disks) 呈交作品給出版社。柯辰保教授說他目前正在努力確定這消息的正確性，然而對於當年的磁片是否能保存下來，他卻並不樂觀，更不用說是磁片裡儲存的資料了。的確，早年許多個人電腦的使用者在資訊保存方面並不是很有經驗，在隨身碟 (USB flash drive) 盛行的今日，又有誰還記得當年流行過的三吋半、五又四分之一吋和八吋的電腦軟碟？電腦操作不當也會造成資訊的遺失。比方說，1981 年，美國前總統吉米・卡特 (Jimmy

Carter) 在撰寫回憶錄的時候不小心按錯一個鍵，因此遺失了好幾頁重要內容，再也重寫不出來，《紐約時報》(The New York Times) 還特別加以報導，因為卡特當時用的是一台價值美金一萬兩千元的全新個人電腦。

名作家湯姆・克蘭西 (Tom Clancy) 於 1984 年出版的《獵殺紅色十月號》(The Hunt for Red October) 據說是第一部用電腦文字處理軟體寫成的暢銷小說。到了 1985 年，史蒂芬・金的短篇小說〈眾神的電腦〉(Word Processor of the Gods) 收錄在該年出版的《史蒂芬・金的故事販賣機》(Skeleton Crew) 一書中，柯辰保教授認為，這極可能是第一部由暢銷作家以小說形式探討文字處理過程及後果的作品。

〈眾神的電腦〉發表於 1983 年一月的《花花公子》(Playboy) 雜誌，當時簡單地題為「文字處理器」(The Word Processor)。故事的主人翁是個有志創作的高中老師，眼看著哥哥娶走了自己當年愛的女孩，生了一個聰明伶俐卻不幸短命的兒子，自己娶的老婆如今卻又胖又醜，脾氣暴躁，一天到晚對他冷嘲熱諷，兩人生的兒子更不務正業，一天到晚沉迷於電吉他，對爸爸也不尊敬，因此覺得生活苦不堪言。哥哥一家三口車禍去世以後，主人翁試著使用天才姪子生前自己裝配、送給這窮酸叔叔當生日禮物的電腦，無意之間卻發現「刪除」(delete)、「插入」(insert)、「執行」(execute) 等鍵都有玄虛，他因此能在電腦容量超過負荷而爆炸之前想辦法「刪除」了自己的舊生活，「插入」全新的家庭並加以「執行」，從此快樂似神仙。

有趣的是，金同時也在作者序裡說，〈眾神的電腦〉當初發表在雜誌上時，他拿到了美金兩千元的稿費，一個朋友卻硬是說金寫短篇故事吃力不討好，扣掉給經紀人和業務經理的費用，又得繳稅，最後實得的稿費只有美金七百六十九元五角，比紐約市的水管工人賺得還少。金被狠狠嘲笑了一番，相當不服氣，於是在《史蒂芬・金的故事販賣機》短篇故事集出版的時候特別向這位朋友耀武揚威：「我不會告訴你，這本書我拿了多少版稅，但是我要告訴你：僅就〈眾神的電腦〉這篇故事而言，我的『淨』收入已經超過兩千三百元，不包括你上回興高采烈為我算出的七百六十九元五角在內。」

《手癢的譯者》

　　柯辰保教授在演說中提到，金買的這台大型王安電腦外殼是米色，螢幕為黑白兩色，當時要價美金一萬一千五百元。也許有人會以為這電腦如今是收藏家的珍品，柯辰保教授幾年前卻從金的個人助理那裡得知，作家於1990年代晚期把電腦送到加州去做檔案提取和儲存，從此便消失無蹤。他失望極了，文字處理在文學創作上的歷史淵源就這樣少了一個篇章。

——原載於 2012 年一月六日

創意與創作：所謂「狗屁的文化創意產業」
（三之一）

　　張大春先生於十一月十六日在其部落格中發表了〈答大學生——狗屁的文化創意產業〉一文，引起各界的熱烈迴響，至本文寫作為止，在短短兩天之內就有超過四萬人點閱，更有兩百餘人留言討論。我自己剛開始也是那不知天高地厚的留言者之一，結果被張先生問到，「你是先入了行，幹了些活兒，才聽說或發現這一行叫『文化創意產業』的呢？還是先知道有一行叫『文化創意產業』之後，處心積慮入了這一行的呢？」我當下不假思索，立即回答，「我不是文化創意產業的一員，只是個創作者。」後來轉念一想，也許這答案不應該如此簡單。

　　「維基百科」對於「文化創意產業」(cultural and creative industry) 有相當詳盡的說明：文化創意產業「源自創意或文化累積，透過智慧財產的形成與運用，具有創造財富與就業機會潛力，並促進整體生活環境提升的行業」。根據這個定義，文化創意產業其實可以包括視覺藝術、音樂與表演藝術、文化展演設施、工藝、電影、廣播電視、出版、廣告、設計、設計品牌時尚、建築設計、創意生活、以及數位休閒娛樂等產業，而數位休閒娛樂產業又包括了數位休閒娛樂設備、環境生態休閒服務和社會生活休閒服務等三種行業。

　　或許有人以為上文所列的定義是官方說法，不足採信，那麼讓我們來看看西方學者的說法。所謂的「創意產業」(creative industries) 也有人稱之為「創意經濟」(creative economy)，和所謂的「文化產業」(cultural industries) 有所不同。創意產業或創意經濟的定義是「一系列關於生產或利用知識和資訊的經濟活動」，可以包括廣告、建築、藝術、手工藝、設計、時尚、電影、音樂、表演藝術、出版、發展與研究、軟體、玩具和遊戲產品、電視廣播、以及電腦遊戲等產業。支持創意產業的學者認為「人類的創意是經濟的最終能源」，「二十一世紀的產業將會越來越依賴透過創造和創意而產生的知識」。

至於「文化產業」的定義，則是對於具有文化本質的商品和服務的創造、生產與分配，這些商品和服務也受到智慧財產權的保護。一般以為文化產業包括文字、音樂、電視和電影的生產與出版，以及手工藝和設計；此外，也有一些國家把建築、視覺和表演藝術、運動、廣告和文化旅遊等產業歸納在文化產業的範疇之中，因為它們可以增加文化內容的價值，並進一步為個人和社會整體生產這種價值。綜論之，文化產業奠基於知識，運用大量的努力以創造就業機會和財富。藉著對於創造和創意的培養，社會整體可以維持文化的多元性，同時提升經濟上的表現。

目前世界各國在推動文化創意產業方面比較有成就的，包括了英國、韓國、美國、日本、芬蘭、法國、德國、義大利、澳洲、紐西蘭、丹麥、瑞典、荷蘭、比利時等國家。然而在當今的台灣，各界人士對於「文化創意產業」的定義卻依然是眾說紛紜，評價也有天壤之別。像本文開頭提到張大春先生的這篇文章，起源在於淡江大學文學院開設了一套「文化創意產業課程」，提倡「傳統文化的創新再生，建構文化創意產業的核心優勢」，其中有一位學生對教授課程的講師資格不甚滿意，更對課程內容心生疑惑，因此向張先生請教：「請問依您看來，『學界』有沒有義務因應『業界』的需要而改變學習課程的內容，甚或大到學術方向？這麼問，是因為有不少業界人士跑到學界來（是誤人子弟？還是傳授經驗？），業界或許有一些值得學習的實際經驗，但那常和理論搭不上邊，畢竟不管有沒有學術背景都可以進入業界。」

針對這個問題，張先生在仔細閱讀並分析了淡江大學設立文化創業產業中心的一切說明和宣傳網頁之後，提出了這篇文章作答。他的看法是「這個中心就是建築在台灣集體幻覺上的一個單位」。進一步而言，張先生認為「文創產業的來歷是一群寄生蟲般的人物，在既沒有創作能力、也沒有研究能力的前提下，逞其虛矯夸飾的浮詞，闖入原本的出版、表演、戲劇、影視、廣告、藝術展覽和交易等等傳統領域。進入這些行業之後，他們與上述各領域的專業技術、教養和知識亦無關，他們的興趣和職責就是媒合政商資源，看起來充其量不過就是一種兼領經紀人和營銷者身份的幫閒份子」。

張先生又說:「你也許還想問:文創的內容是什麼?答案可以像這些寄生蟲一樣多變——他們自己反正也是騎驢找馬,連哄帶騙,不需要準主意,條列整齊的綱領從一到九,從 A 到 Z,拐人相信它有一套正式的演繹或分析架構就好。他們最高明的伎倆就是把一堆行政、管理、財經、統計等科目中可以用常識化語言描述出來的訊息整編成一套冠以『產業』之名的雞零狗碎,摸著石頭過河。詐騙集團要鍛鍊到極高明的境界,才能夠立足為文創產業;加入他們成為追隨者、學習者則只要夠愚蠢就行了。」

張先生自謂「我是一個寫作的人,我根本不承認有文創這回事,就好像我是一個正常的細胞,我不承認惡性腫瘤是我的一部份一樣」。於是張先生奉勸這位心有疑惑的大學生:「如果你不希望浪費時間、浪費生命、浪費智能,建議你遠離這一套(文化創意產業)課程,因為共犯結構就是這樣的一種東西。正常細胞會死去,而惡性腫瘤一如蒙德羅梭的短篇經典所形容的那樣:『當他醒來時,恐龍還在那裡。』」(作者註:來自瓜地馬拉的作家奧古斯托・蒙德羅梭 (Augusto Monterroso) 的著名小說〈恐龍〉(The Dinosaur) 就只有這一行字:When he woke up, the dinosaur was still there.)

老實說,我自己最初在評論張先生這篇文章的時候,主要著重在他把所謂的「文化創意產業」批評得一文不值,「未免輕忽了許多嘗試把文化和生活結合的人的苦心」。我又指出「惡性腫瘤的存在固然不可饒恕,然而當前的化學治療雖然能一股腦兒撲殺所有的變異細胞,在過程中卻也殺死了許多正常細胞,導致身體的極度衰弱」。我因此而建議張先生「可以採取比較精確的治療方式,對症下藥,以理性分析代替批評性的描述,則像這位大學生一樣的一般大眾雖然還是會談『癌』色變,至少對於『文化創意產業』運作的真實內容能有更深度的了解,也能培養實事求是、客觀精準的研究精神,願意進一步探索、尋找啟發,而不是輕易隨便地一竿子打翻一船人」。

這是一個文人對於另一個文人的忠告,看起來雖然言之有理,卻沒有什麼實際效用,因為每個人的處世經驗、行事原則都不一樣,我當然沒有權利、更沒有資格去要求張先生改變他的觀感和評論方式,最多只能提出

個人意見，請他參考而已。儘管如此，在這一系列三篇文章裡，我還是想提出更多個人意見，請張先生和各界先進參考。這「參考」不代表同意或接受，因此會產生辯論，我也喜歡透過網路進行公開而直接的討論，但是我個人堅持理直氣和的原則，更不喜歡進行人身攻擊，所以如果有讀者願意提出回應，也請不要斷章取義，語出譏諷，指桑罵槐。

——原載於 2010 年十一月二十日

創意與創作：所謂「狗屁的文化創意產業」
（三之二）

　　首先，我認為一般大眾（或許也包括了張先生和許多慷慨留言的各界人士）可能對「文化創意產業」的本質有所誤解。以我自己而言，我是創作者，也是翻譯人，目前正在經營部落格和網站以推廣中外文學，未來更希望有能力出版許多好書。無論是從這四種身份之中的哪一種看來，我都應該算是文化創意產業的一員，因為我從事的是「生產或利用知識和資訊的經濟活動」，平日的工作也確實「奠基於知識，運用大量的勞力以創造就業機會和財富」。

　　我覺得每一位作家創作的目的都在於讓自己的聲音被聽見，無論是專門出書或是業餘經營部落格，用意都在於和廣大讀者分享自己對於人事物的觀感，否則作家大可閉門造車，每天在家裡自言自語即可。作家可以日進斗金，或是一貧如洗，但是他或她運用自己的創意和知識，將自己的人生體驗和受到文化陶冶的結果呈現給讀者，因此而產生智慧財產，卻是不爭的事實。這「智慧財產」一詞代表了作家的個人智慧本身有內涵，有價值，值得尊敬，不得侵犯，而對於這份「財產」的經營目的在於「創造就業機會和財富」，因此可以稱之為產業。

　　當今我們對於「產業」的認識多半都是商業化的策略，重效率，講回收，著力於減少成本而增加利潤，乃至於擴展自己的競爭力，希望能在和同業的競爭中勝出。作家不也是一樣？沒有出版業，作家的聲音不能被讀者聽見，就算是透過經營部落格這個到目前為止還可以免費的方式，作家的用意也在於和讀者產生互動，也就是所謂的回饋。如果這種回饋可以用金錢的形式呈現，則對作家更有助益，這也是不爭的事實。

　　張先生說許多創作者「拉不下臉來談生意」，這是千真萬確，一方面因為作家專力於創作而沒有時間或沒有意願去深入了解各種智慧財產權的經營方式，一方面卻也因為傳統以降的作家都不認為這是自己需要去了解的東西。當今的創作者如果還沒有功成名就，往往就會在追求成功的道路

上跌跌撞撞，有志氣者屢仆屢起，無毅力者怨天尤人。然而我認為，無論是老嫗皆聞或默默無名，作家都有必要也有義務「拉下臉來談生意」，就算是自命清高而不屑於「製造就業機會和財富」，至少也得參與作品的出版過程；無論是依賴專業人士（如出版編輯）或自己動手經營（如製作部落格），作家都不能自外於文化創意產業。

張先生又說：「創作者要是沒出息一點，就等著被這種人（也就是張先生所謂的『寄生蟲般的人物』）掌控、消費或淘汰；創作者要是不要臉一點，就自己出面說：『我也是搞文創產業的！』」那麼依此推理，如果作家要有出息，是否就應該自我培養經營創作事業的能力？作家如果有能力自我經營，乃至於能成功地為自己和他人「製造就業機會和財富」，是否就應該自我評價為「不要臉」？當今的創作者已經不再能躲在自己的書房裡三更燈火五更雞地爬格子；作家要吃飯，要養家，更要實踐自己的理想，真正為社會文化貢獻一份心力，寫出一些確實具有文學價值的作品。而這似乎是唱高調、喊口號的理想，如果作家沒有實際的經營能力，不懂得推銷自己以讓讀者聽見自己的聲音，又如何能實現？作家如果餓死了，理想也只是空談，只能作廢。

從另一個角度來看，如果創作者實在沒有能力、更沒有意願「拉下臉來談生意」，那麼依賴專業的經銷人士又有何妨？就算台灣還沒有建立專業的經紀人制度，作家沒有營銷者的協助又怎麼能生存？也許有人認為，在當今的網路時代裡，作家可以自行架設網站或經營部落格，發表網路文學，乃至於自費出版或製作電子書，同樣可以達到吸引讀者的目的，進一步避免被各種「寄生蟲般的人物」「掌控、消費或淘汰」。殊不知，作家越是要自立自強，頂天立地，不被他人欺壓，就越是要懂得各種自我經銷的策略，也就越是要成為文化創意產業中的佼佼者。不管是「演講、寫專欄、出書」，抑或是像張先生一樣「成為意見領袖」，作家如果要實踐自我理想，同時不願意餓死，就必須訓練自己成為數一數二的經銷人才。

我以為，張先生之所以判斷當今的文化創意產業是「狗屁」，主要還是因為他認為這些「寄生蟲般的人物」「既沒有創作能力，也沒有研究能力」，在進入出版、表演、戲劇、影視、廣告、藝術展覽和交易等傳統領

域之後,「與上述各領域的專業技術、教養和知識亦無關,他們的興趣和職責就是媒合政商資源」,甚至試圖「掌控、消費或淘汰」創作者。這確實言之有理,各界人士也提出了相當多的個人經驗以為證據。然而我想,許多真正有心做事、也確實做過事的人都知道,台灣的文化創意產業儘管問題叢生,在某些領域中也確實創造過一些佳績,不能因為大多數的藝術家還沒有能讓自己的聲音被聽見,就因此而抹煞了少數透過專業營銷而能揚身立萬的藝術家的成就。

　　我覺得當今的一般大眾(或許也包括了張先生和許多人士)依然認為所謂的「文化」與「創意」不能和「產業」發生關係,如果把「產業」這個詞換成「商業」,提到「利潤」,則更是大逆不道,是對於真正擁有並執著於「創作能力」和「研究能力」的文化界與學術界人士的一種侮辱。殊不知,即便是商業也得講究「文化」和「創意」。商業本身是文化的一部份,雖然庸俗,卻絕對必要,而商業如果沒有創意,自然也不能順利發展。更重要的是,和文化界與學術界人士比較起來,商業人士更需要創作能力和研究能力,儘管他們的創作和研究採取了不同形式,產生的成果和影響也有差異,但是商業人士歸根究柢也和文化界與學術界人士一樣,希望自己的聲音被消費者聽見。如果文化界與學術界人士因為自己既沒有能力、更沒有意願學習營銷,又認為專業的營銷人士庸俗低下而予以藐視,不願意與之合作,則是不是值得被冠上「自命清高」的頭銜?文化界與學術界人士有其獨到的創作和研究能力,商業人士也有其特殊的創作和研究能力,前者不願意去了解後者的專業領域,卻抱怨後者侵犯自己的專業領域,更不願意與之分享,則在兩者合作失敗之餘,那些執著於堅守自我領域疆界的人是不是也算是自封於象牙塔之中?

　　　　　　　　　　　　　　　――原載於 2010 年十一月二十日

《手癢的譯者》

創意與創作:所謂「狗屁的文化創意產業」(三之三)

說到學術界,我在回應張先生的大作時,同時也建議了這位心有疑惑的大學生:「我覺得學界確實有義務因應業界的需要而改變學習課程的內容,甚至擴大到學術方向。如果不如此,則學界永遠都是一座象牙塔,學子們在學校裡自命不凡,對真實世界中各項產業的發展走向和新知卻完全不了解,從學校畢業出來之後自然也很難適應現實生活的需求而發揮自己的長才。」

如今張先生和許多慷慨留言的各界人士對淡江大學和其他幾所學府開設的「文化創意產業課程」頗有微詞;以淡江大學為例,張先生對文學院提供的「數位內容產業」、「影視娛樂產業」、「創新出版產業」和「文化觀覽產業」項目都沒有意見,唯獨針對「創意漢學產業」大加抨擊,嗤之以鼻,卻不知此一項目實際列出的可能工作類型包括文化教育、教材編輯、教科書編輯、小說編著、詩畫出版物編輯、華語專業翻譯、田野調查員、文獻研究員、華語文專業教師、說故事老師、民俗文化藝術觀光、電影製作人才、以及社區大學講師等等,則其中有哪一項不應該運用創意的方式展現漢學文化之美?在此項目訓練的大學生「首先必須加強自己在漢文化方面的素養和深度,同時也需培養自己在不同領域的專業能力」,然後才能「透過對於漢學的了解,再加上跨界整合能力,將漢學元素融入不同的領域之中,塑造獨樹一格的漢式風情,為漢文化帶來全新價值」,又有什麼不好?這不是對於學生創作能力和研究能力的雙重培養嗎?有什麼不對?

張先生可以批評淡江大學文學院網頁使用的宣傳文句不夠詳實清晰,卻不能否認學生們「首先必須加強自己在漢文化方面的素養和深度,同時也需培養自己在不同領域的專業能力」的重要性。如果只是專精於文字、聲韻、訓詁、詩詞,而不能把這些深邃優美的知識應用到實際的社會生活裡,則學生們畢業之後不但很難找到工作,自己當初獻身文學所抱持的志

氣和理想也會因為現實生活的無情消磨而耗損殆盡，乃至於有夢碎之感。殊不知，文化不一定要透過藝術作品來表現，創意也不只限於創作。即使是默默無名如一個在學校裡說故事的義工媽媽，或是日進斗金如一個從事廣告經銷的商業鉅子，如果能運用創意的方式來表達漢學之美，讓孩子們或電視觀眾能領悟一篇古文的意境、一個國字的發音或構造、乃至於同樣一句成語在不同場合之中的不同用法，都是一件好事，也可以說是和著作等身的作家或學院裡的教授一樣有成就，不是嗎？

當今英語世界中的許多知名大學進行教育改革，除了因應經費窘迫的困境，也是因為深切體驗到高等學府和現實社會逐漸脫節的問題——學生畢業之後找不到工作，滿腦子的學問得不到運用，滿腔的熱血澎湃得不到抒發，政府對於各大學院的經費支持無法回收，社會整體也不能因為高等學府的作育英才而獲得任何實際的利益。為了改善這個處境，我所知道的幾所大學在著重研究和教學之餘，也開始走向「社群參與」(community engagement)，教授們每學期固定舉行公開演講，讓高等學府之外的一般民眾也能參與學習討論；學生們每學期和業界人士共同針對業者需要而開拓、進行各種軟硬體的研究與發展計畫，在學術理論之上又學到了實際經營運作的經驗和技巧。

我最喜歡的一個「社群參與」的例子是，澳洲某大學的一位語言學家在國家廣播電視公司的節目裡開闢了類似「說文解字」的單元，在短短五分鐘之內，把英語文化和文學之中的各種精闢典故用平易近人的態度和語言介紹出來，獲得了廣大觀眾的迴響。即便是一個家庭主婦或下工後回家休息的修車匠，在晚上吃飯看電視翹腳喝啤酒的時候都可以學到英語的 getting off Scot free 這個詞其實和蘇格蘭人 (Scotsman) 並沒有關係：原來古英文中的 scot 這個字其實是在第九世紀到第十一世紀之間從斯堪地那維亞語 (Scandinavian) 借來，和英語的 shot 這個字極為相近，兩者在中世紀時又有貢獻、費用之意，因此 getting off Scot free 這個詞是某人僥倖在飲酒時免於付費而沾沾自喜之意，也因此而引申為喝烈酒時用的 shot of whisky 這個詞。

這種「社群參與」結合了學界的專業知識和業界的專業營銷。當初固

然是業界因應觀眾要求而想出的點子（有太多人想知道日常生活中使用的各種特殊詞彙從何而來），學界卻也願意盡力配合，一方面可以為自己的科系增加收入，一方面也是體認到語言學一類的科目和現實社會的距離越來越遠，有意願學習的人越來越少，學成畢業以後也越來越難找工作。更重要的原因是，學者專家在研究室裡鑽研一生一世，目的就是要增益全人類的智慧寶藏，使自己的所學能增進一般大眾的福祉，而不是把自己關在象牙塔裡，讓自己的學生也只通理論而不懂實際。

而作家不也是一樣嗎？藝術不必清高，創意也不只是創作者的專利。如果能透過產業化的方式，有體系、有目標、有效率地培養大學生們兼備學術研究、藝術創作和商業營銷的基本技能，讓他們了解當今社會的實際運作方式，那不是很好嗎？就算有少數害群之馬虛浮誇飾，誤人子弟，也不能就此否定其他有心人的付出；更何況每個人的標準不同，一個人眼中的垃圾，在他人眼中卻可能是財寶。

當今的文化界和學術界人士不必再像過去那樣清貧清高，談錢色變，當今的商業界人士也不必認為自己滿身銅臭，庸俗無比。大家都是用創意的方式建構、發展文化，因為文化本身並非虛幻的概念，而是真正落實在生活中，環繞在每個人身邊的客觀現實。要講創意，不見得文化界和學術界就比商業界人士更在行，因為創意是一種處世的方法和態度，凡事跳出格局之外、不受傳統禁錮的思考模式。創意不等於創作，不能由包括藝術家和作家在內的各種文化界和學術界人士獨攬，同樣也不能受到商業界人士操控。唯有文化界、學術界和商業界的所有英才共襄盛舉，共同以創意的方式展現、表彰、啟發一般大眾生活中的文化，這樣的文化創意產業才有價值，也才能切實「創造就業機會和財富」。

後記：本擬依慣例在此列出張先生〈答大學生——狗屁的文化創意產業〉一文的出處，但是張先生於中時的部落格已經關閉，該網址也失去效力。有興趣的讀者可以用這篇文章的題目上網搜尋，看得到各界轉貼的原文和相關評論，但是那兩百多人的發言討論可能已經永遠喪失了。

儘管如此，張先生後來又寫了兩篇文章來發揮自己的論點，各界先進

《手癢的譯者》

在網路上也從文化、創意和產業的多重角度提出許多精闢的例證和討論，非常值得讀者一看，藉此分辨什麼是「理直氣和」的辯論態度，什麼又是直接了當的攻擊、否定和侮蔑。我想張先生的用意不在於挑起爭端，而在於鼓勵一般大眾深切思考所謂「文化創意產業」的建立初衷和當今的實際運作狀況，並且進行公開而直接的討論。僅就這一點來判斷，我覺得張先生雖然一下子被罵到臭頭，一下子又被捧上雲霄，卻確實已經達到鼓勵大眾思考的目標了。也許這就是作家的社會責任吧！

－－原載於 2010 年十一月二十日

《手癢的譯者》

文化的價位：談台灣出版業面臨的困境

　　最近拜讀了網友艾栗森於七月十二日在其部落格「大驚小怪大小事」中刊出的〈一本三百塊的書，出版社賺多少？〉一文，也讀了五十七位網友的相關意見（至七月十三日晚為止），感觸良多。艾栗森在文中指出，許多人在國際書展期間，利用出版社折扣的機會拼命買書，他們認為自己在支持出版社，因此希望折扣應該更低。「你看網路書店不也是在打折，國際書展的折扣應該更低才對。」許多讀者都這樣認為。

　　然而艾栗森基於自己在出版業工作五年半的經驗，語重心長地指出：「對於書的折扣這件事情，我想很多人都誤會了。出一本書，出版社真正能賺到的不多，因為中間還有很多人的努力；把利潤全部算在出版社口袋裡，更是把其他人在書背後付出的心血一筆勾銷。所以，想趁著自己還記得一本書的成本結構的時候，用數字來說明一下折扣這件事情：一本定價三百塊的書，出版社能賺到的利潤，大概是三十塊左右，甚至更低。」

　　艾栗森的分析精闢詳實，相當值得一讀。其指出，出書的過程中包括了經銷商、書店、印書廠／紙廠、版權、作者／翻譯、美術設計、編輯校對等關卡，因此在利潤層層扣除之後，出版社能不虧本就不容易了，想賺大錢實在很難，多半都是憑著一股熱情和毅力在苦撐。

　　以翻譯書為例，艾栗森提出的例子是三千元美金的版權購買費用，印量是三千本，因此一本書的版權費用平均為美金一元，大約相當於新台幣三十元。然後是翻譯費用，翻譯十萬字的書以每字新台幣零點七元的稿費計算，則一本書的翻譯費用平均為二十三元。就這樣，一本新台幣三百元的書，五十五元的利潤已經沒有了。

　　（作者註：儘管許多做過翻譯的網友對艾栗森提出的翻譯費用大加批評，認為每字新台幣零點七元的例子不符實際，一般苦哈哈的譯者往往必須忍受每字零點三到零點五元的奴工費，我卻以為這並不是艾栗森這篇文章的重點。台灣譯者費心費力做苦工，卻得不到應有的價位尊重，是公認的事實，我自己在〈肯定和尊重的價位〉〔見《時間的秘密》第五部〉一

《手癢的譯者》

文中也有分析。然而艾栗森的文章談的是出版社的困境，讀者便也應該就事論事。）

　　版權購買和翻譯費用是出版社的當然責任，再加上印刷廠／紙廠、美術設計、以及編輯排版校對的費用，也是為了製作成品並監督、保持其卓越品質，因此沒有什麼好抱怨。然而最令人吃驚的是，艾栗森提到，「一本三百塊的書，先以五五折批發給經銷商，由他們把書鋪給各書店」，因此新台幣一百三十五元的利潤馬上也不翼而飛。艾栗森又指出，出版社往往必須配合網路書店七九折的促銷而「退讓定價的的百分之六」，也就是十八元。出版社能不犧牲這筆利潤嗎？如果不配合網路書店，「這本書就沒辦法在網路書店上有曝光機會，沒有 banner，更不會有首頁關鍵字或是任何曝光位置。在這網路書店的銷售越來越強大的時代，出版社能說不的籌碼也越來越少，只好答應」。

　　就這樣零零碎碎扣下來，一本新台幣三百元的書，出版社能實得三十元的利潤就算不錯了，好不容易碰到國際書展，「有機會擺脫經銷商和書店的壓榨」，在付出「起碼二十萬」的場地租金和裝潢費用之後，還得應付要求打折的讀者。「這本書怎麼打折這麼少啊！外面都賣七折了，你們怎麼沒有再打低一點？我辛辛苦苦來這邊買耶！我帶錢來可是在『支持』你們好不好！」原本已經大失血的出版社就這樣體力透支，嗚呼哀哉了。

　　有網友認為，買書本來就是支持出版社的行為，要求算便宜一點又如何？你出版社還敢抱怨？你以為你有多高尚？要抱怨錢少，發行有商業價值的書不就得了？再不就改行去做其他賺錢的事吧。還有網友認為，你自己的工作做不好，還敢怪讀者、怪版權商、怪經銷商、怪書店、甚至怪譯者？你以為你出版了幾本書，我就一定要買嗎？你自己賣不好，就不要來抱怨你得到多少利潤！

　　我自己的看法是，一般人（包括我自己在內）買東西的時候當然都希望有折扣，如果有免費享用產品或服務的機會當然更好；但是就文化產業而言，我們不能貪求折扣，因為有折扣的文化會流於輕俗，要求免費的文化更會導致盜版。如果我們今日要建造台灣成為一個有文化的國家，就必須肯定並尊重文化產業的努力。

《手癢的譯者》

我在一篇名為〈紙本書在台灣的售價〉的文章中提到,就國外進口的文學類作品而言,在經過了出版社苦心竭力翻譯出版之後,在台灣的價格其實只比在美國亞馬遜網路書店的平均價格要稍微高一點;就企管類翻譯作品而言,在台灣的價格更只是其美國價格的百分之四十四!尤有甚者,台灣出版的書籍精美品質是全世界有目共睹的,曾經贏得許多國際知名作家的讚美。讀者如果比較其他華文出版市場的成品,就知道台灣出版的書籍看起來實在是一種賞心悅目的享受。在台灣民眾生活日益追求精緻品質的今日,難道連這種文化上的優質待遇都不願意花錢支持,以示尊重嗎?

還有網友認為,出版本來就是一種賭博,沒有人知道下回哪一本會暢銷大賣,面對堆積如山的存貨或退書也只能自認倒楣;有許多專業性的藝術人文書籍根本就只能落得送給圖書館的下場。這的確是事實,然而這也證明了出版社的熱情和心力,願意在自己的專業判斷之後孤注一擲,賭贏了算是僥倖,賭輸了也還是不氣餒,再接再厲,勇往直前。天底下的賭徒當然都不值得稱許;為了文化而賭,卻需要相當的豪情壯志。我們都崇拜英雄,然而出版業眾多的無名英雄卻更值得我們的尊敬。沒有出版業,又如何能談文化的培養和傳播?

有一位網友指出,出版業應該建立自己的販售平台,直接把書賣給讀者,甚至轉向電子書發展,讓自己出版的商品更有競爭力。身為一個數位出版和閱讀的支持者,我自己對出版社願意嘗試電子書的可能性當然樂見其成,然而就出版社建立平台而言,許多傑出的出版社其實已經在做了,也有相當可觀的成就,更值得讀者的熱情支持。

寫到這裡,我想對各界讀者提出的忠告是:買書的時候精挑細選,謹慎下手,喜歡的作家就盡量支持,同時也要透過各界書評多接觸其他優秀作家。買書的時候要挑折扣也不妨,如果真的要從網路書店買便宜貨,就耐心等待好書打折的時候再買;如果實在等不及,就直接到出版社的專屬販售平台去買。平時多試著了解出版業的運作和各種出版品的製作流程,在參觀國際書展的時候,多把握機會和出版社的工作人員接觸,試著了解他們的工作內涵,卻不要再隨便要求進一步的折扣。如果我們每個人都在自己能力所及的範圍之內支持台灣的出版社,多買好書,則我們的出版業

《手癢的譯者》

必定能蒸蒸日上,我們的文化也才有前途。

——原載於 2012 年七月十三日

《陰影》下的媒體現象

　　近半年經全世界英語媒體廣泛報導的《格雷的五十道陰影》(Fifty Shades of Grey) 即將於八月在台灣推出中文版，博客來網路書店描述這三部曲為「出版業前所未見的情色風暴」，充滿「娛虐與愛痛交織，繩結緊縛真情熾烈」，《天下》雜誌將其摘要為「借用《簡愛》的情節（有問題的有錢人愛上了清純少女），去掉自省，再加上一些性虐待」，中時電子報則報導：「有人說這是成人版的《暮光之城》，也有人說這是性虐待版的仙履奇緣……看似男性主宰的情慾愛情書，卻在受過高等教育、職涯成功的女強人中大受歡迎。」

　　且不論國內媒體如何形容 E.L. 詹姆絲 (E.L. James) 為「英國辣媽」，描述《格雷的五十道陰影》為「媽媽級情色小說」，甚至強調其在國外如何暢銷大賣，售出電影版權，乃至於計算作者每星期可以賺進多少錢等聳動細節，這三部曲在國外媒體、文學、出版等領域已經引起軒然大波，卻是不爭的事實。以下僅從媒體的角度出發，探討《格雷的五十道陰影》三部曲的成功歷程和影響所及。

　　首先當然要從美國作家史蒂芬妮‧梅爾 (Stephenie Meyer) 的《暮光之城》(Twilight) 說起，這一系列四部小說在大賣之後照例引起所謂「同人小說」（fan fiction，或譯為「衍生小說」）的創作，也就是維基百科所謂的「利用原有的漫畫、動畫、小說、影視作品中的人物角色、故事情節或背景設定等元素進行的二次創作」。到了 2010 年，來自英國的電視製作人艾瑞卡‧莉奧納德 (Erika Leonard) 以「雪后冰龍」(Snowqueens Icedragon) 的筆名，用《暮光之城》主角愛德華‧庫倫 (Edward Cullen) 和伊莎貝拉‧史旺 (Bella Swan) 的名字創作了一系列同人小說，題為《宇宙的主人》(The Master of the Universe)。她後來在著名的同人小說網站 FanFiction.net 上推廣此一作品的時候，也充份運用了因為主演《暮光之城》系列電影而走紅的羅伯‧派汀森 (Robert Pattison) 和克莉斯汀‧史都華 (Kristen Stewart) 的影像。

2010年底，莉奧納德決定把《宇宙的主人》從同人小說網站移除，因為有讀者批判其內容偏於成人情慾。她隨後成立網站 50Shades.com，剛開始卻還是繼續以「雪后冰龍」的筆名推廣《宇宙的主人》，在宣傳上也還是仰賴派汀森和史都華的容貌，並且運用《暮光之城》的電影片段和這兩位影星的其他錄像製作了相關的新書宣傳片。

到了 2011 年五月，成立於澳洲新南威爾斯州的「作家咖啡館」(The Writers' Coffee Shop) 出版了《格雷的五十道陰影》，亦即改名後的《宇宙的主人》，書中主角的名字也改成安娜・史提爾 (Anastasia Steele) 和克里斯汀・格雷 (Christian Grey)；三部曲中的第二集 Fifty Shades Darker 於 2011 年九月出版，第三集 Fifty Shades Freed 則於今年一月出版。「作家咖啡館」由四位愛好文藝的作家於 2010 年十月成立，他們雖然住在世界各地，卻希望透過共同的努力而協助有天賦的作家順利出版，並且向市場介紹優質電子書。《格雷的五十道陰影》除了以電子書形式出版之外，也隨需出版紙本書 (print on demand, or POD)。

到了 2011 年七月，《格雷的五十道陰影》開始引起讀者注意，莉奧納德也把所有關於《宇宙的主人》的訊息從 50Shades.com 網站移除，並改用 E.L. James 的筆名。至此，《格雷的五十道陰影》仰仗《暮光之城》而成名的過程是很明顯的，儘管這兩部作品的訴求完全不同，風格和文字也有極大差異。《暮光之城》的作者梅爾在一次訪問中說，她沒有讀過《格雷的五十道陰影》，卻為莉奧納德的成就感到高興。有人認為如果沒有《暮光之城》的成功就不會有《格雷的五十道陰影》的崛起，梅爾則謙虛地認為自己不能掠美；莉奧納德顯然已經在心中醞釀故事已久，就算這三部曲最早不以同人小說的形式呈現，遲早也會透過其他的方式產生。

在《格雷的五十道陰影》從同人小說轉變成暢銷電子書的歷程中，有兩點值得注意。首先是同人小說關於著作權的爭議。由於同人小說主要以原著小說的人物、情節或背景為基礎而加以衍生求變，其原創性當然有令人置喙之處。然而美國著作權法中有所謂「公平使用」(fair use) 的概念，在某些特殊的情況下，可以允許他人在不經過作者允許的前提下有限度地使用其作品內容，這些情況包括對於原著的評論、批評、報導、研究、教

學、圖書館建檔和學術性使用，甚至也包括對於原著的譏刺和嘲弄。

美國著作權法在裁定同人小說是否違反原著小說權益時，通常都會以個案處理，考慮到同人小說是否以牟利為出發點、原著本身的性質、使用原著內容的比例和重要程度、以及同人小說對於原著市場價值的影響等四個因素。從另一個角度來看，同人小說作者普遍宣稱自己沒有侵害原著的權益；他們認為同人小說沒有對原著內容進行複製或改變，不會影響到原著作者的市場收入，其本身不為牟利，更可以成為一種為原著免費宣傳的廣告。同樣重要的是，在大部份的情況下，只要原著作者提出抗議，同人小說作者也會乖乖地把作品從網路撤下。

上述這些辯駁也許不一定完全適用於《格雷的五十道陰影》，然而其之所以成功的另一個值得注意的因素，便在於讀者口耳相傳的宣傳價值。截至本文寫作為止，這三部曲在美國亞馬遜網路書店一共獲得了八千六百五十七位讀者的評價，其中的好評和負評數目差異不大，可見讀者的個人口味在相當程度上影響到他們對這一系列作品的看法。然而不論讀者熱愛或痛恨《格雷的五十道陰影》，他們對這三部曲是讚揚還是鄙棄，這些意見都透過讀書會的舉辦、心得的發表和討論、以及個人之間的對話，在現實生活中和網路上像烈火燎原一樣傳揚開來，經過媒體報導之後更有如風助火勢，一發不可收拾，終於獲得 Vintage 出版社的注意，以高達美金七位數字的價位買下版權，在今年四月重新推出紙本書。這三部曲的電影改編版權也早在三月就被買下。

《格雷的五十道陰影》的成功是今年倫敦書展的熱門話題，在出版紙本書以後更是暢銷大賣，至今在美國的銷量已經突破兩千萬冊，英國一千萬冊，被翻譯成全球四十二種語言。有趣的是，至今年七月二日為止，這三部曲紙本書在美國的銷量是九百八十萬冊，電子書的銷量則是九百六十萬冊，兩者幾乎勢均力敵。考慮到《格雷的五十道陰影》原本就是以電子書起家，這樣的成功再度讓各界媒體討論起數位出版風潮的難以摒擋，網路上也開始出現各種討論這三部曲為什麼吸引讀者的文章，各種或諷諭、或仿效、或引申、或轉借的作品紛紛出籠，更有專家學者預測其對未來閱讀趨勢和人口結構轉變的影響。可以想見的是，如此廣泛的媒體報導當然

助長了這三部曲的知名度。

綜觀《格雷的五十道陰影》從電子書到紙本書的成功歷程，其中有一個相當重要的關鍵，就是電子書閱讀器、平板電腦和手機的使用如何讓更多的讀者獲得閱讀的機會和隱私性。特別是考慮到這三部曲的內容為成人情慾和相關的過程與手段，不管有多少讀者覺得這是一個吸引人的課題，在絕大多數的情況下都不會公開討論，更不用說是在大庭廣眾之下進行深度閱讀。進一步而言，和紙本書比較起來，電子書是一個更具備讀者和內容之間一對一接觸性質的媒體，在購買時不必經手第三人，購買之後也不易出借，閱讀時更鮮少有人在身邊共享或在身後偷看。特別是像《格雷的五十道陰影》這一類充滿爭議的作品，讀者儘可以獨自瀏覽，內容的重要性也遠遠大於載體的選擇，實在適合以電子書形式出版。

有趣的是，在這三部曲出版成紙本書之後，網路上才出現「在紐約地鐵上看到有人閱讀《格雷的五十道陰影》會不會感覺很詭異？」的話題。就像當年的「哈利波特」(Harry Potter) 系列特別為成人讀者另外設計了比較成熟穩重的封面，願意公開閱讀《暮光之城》的成人讀者也不多，一般人在公眾場合總是會注意自己的形象，連閱讀這種行為也不例外。這種購書和閱讀方面的隱私權是電子書以往從未被人發掘的優勢，現在卻成為喜愛數位閱讀的人的享受了。但不知《格雷的五十道陰影》在台灣推出中文版之後，有多少人會實際到書店去購買，或是在大庭廣眾之下閱讀？只怕可以進行隱私購買的各大網路書店，生意更會蒸蒸日上了。也許這三部曲能協助增加台灣讀者對於數位閱讀的接受度也不一定？

－－原載於 2012 年七月二十日

電子書可以（或應該）取代紙本書嗎？

　　最近在網路上讀到關懷台灣各界獨立書店生存困難的新聞，這些「城市的文化風景」巔峰期在十五年前，之後卻因為連鎖、網路和個性化書店的紛紛興起，而面臨經營窘迫的困境，「電子書則是最後一根稻草」。

　　有業者代表指出，讀者到書店看書，卻在網路上購買更低折扣的書，因此「折扣戰」才是獨立書店經營陷入困境的關鍵。也有其他書店業者要求圖書統一定價，像法國和日本的例子一樣，「讓獨立書店和連鎖書店享有同樣的折扣」，政府卻擔心面對消費者的反彈。

　　作為出版業的支持者和紙本書的愛好者，卻同時也是數位出版和閱讀的提倡者，我對各界關於上述新聞的討論自然倍加注意，卻也忍不住要自問：電子書真的可以（或應該）取代紙本書嗎？答案當然是否定的。如同我在〈文化的價位〉（見本書第五部）一文中指出的，台灣出版的書籍精美品質是全世界有目共睹的，在各界民眾生活日益追求精緻品質的今日，電子書絕對無法、也不必取代閱讀紙本書的那種賞心悅目的享受。

　　那麼電子書的存在有什麼用呢？國外的出版社、獨立作者、網路銷售平台和一般讀者為什麼會趨之若鶩？國內的出版社、書店業者、作者和讀者又為什麼會視其為洪水猛獸？這其中的原因可能有三：

　　首先，電子書的出版機制在國外已經算是相當健全，透過各大網路銷售平台的推動，結合電子書閱讀器的普及，出版社得以用低廉的電子書價格吸引那些不願或不能負擔高價紙本書的讀者，作者得以直接出版自己想出版的作品，讀者更得以低價、迅速、直接地選購前所未有的數量和種類的作品。相較之下，在國內，電子書的出版機制尚未健全，網路銷售平台和出版社之間的關係也是競爭多於合作，出版社和書店擔心電子書會威脅紙本書的銷路，讀者更普遍認為電子書的品質不如紙本書優良。

　　其次，在國外，由於電子書的出版和銷售機制已經健全，製作成本足以壓低，出版社和作者因此可以花更多的時間、精力和金錢來廣為行銷，大量增加了作品的能見度，讀者在閱讀量增加之餘也樂於透過網路分享閱

讀心得，進而增廣整體的閱讀風氣。反觀國內，電子書的出版和銷售機制尚未健全，出版社在嘗試製作電子書時往往必須負擔額外的成本，書價因此也不敢調低，於是作者分擔不到利潤，讀者也享受不到任何電子書低價的好處。

最後則是觀念問題。在國外，數位出版和閱讀已經成為相當普遍而自然的一件事，出版社和作者都能接受紙本書和電子書兩個獨立的市場，而讀者也能在紙本書和電子書之間自由選擇，前者追求閱讀享受，後者強調閱讀便利，各取所需。然而在國內，出版社不一定了解電子書的運作模式和成本結構，作者和讀者也習慣以紙本書的出版形式和成果衡量電子書，因此很自然地會認為電子書的製作成本不高，價格也應該壓到極低，甚至不論內容，單以展現形式不習慣的理由拒絕電子書。

在理解這三個原因之餘，也許台灣對於數位出版和閱讀風潮的最重要認知應該是：電子書和紙本書是兩種完全不同的出版品，市場不同，訴求不同，因此供需兩方面所面臨的挑戰和因應方式也有所不同。愛好紙本書的讀者很難放棄現有的精緻閱讀享受，事實上又何必放棄？一本書從撰寫到出版，多少人投注心力，成果又是多麼美麗輝煌，全力支持都來不及，又怎能輕言割捨？反觀電子書的優勢也確實存在，其不需要大量成本印製而能減省經費，無需倉儲或運銷而能促進環保，檔案保存、閱讀、搜尋、檢索便利，攜帶和轉換方便，特別適合研究和旅遊。

中國在推動數位出版和閱讀的努力之餘，推出了口號「數位閱讀，綠色閱讀，品質閱讀」，我覺得相當值得借鏡。就出版社和作者而言，在這裡的關鍵概念是「品質」，因為電子書和紙本書應該有相同的製作品質，更可以進一步發揮數位出版品的互動性和多元性，提供紙本書所無法顧及的多媒體內容，以及和讀者直接而迅捷的接觸和交流機會。就讀者而言，其必須要求的同樣是「品質」的觀念，注重書的內容而非其載體，同時為了支持對於品質的維護而拒絕進行或容忍盜版行為。

身為一個讀者，在夢想多讀好書、阮囊卻始終羞澀之餘，當然希望能有更多元也更低廉的出版品可以參考購買。如果我們的出版社能同時推出紙本書和電子書，一方面可以推動數位閱讀的風潮，激勵相關的硬體和軟

體發展與整合，一方面也可以減少印製、倉儲和運銷的成本，進而減少對經銷商和網路書店的依賴。出版社在這方面當然需要面對轉型的陣痛期，在保持其原本即具優勢的專業能力之餘，更要加強對於數位出版的認知和技術訓練，對自己有信心，對作者的支持不變，對讀者的服務態度更加熱誠，則必定也會得到作者和讀者的回饋。

　　總歸一句：如果國外的出版業可以在數位出版和閱讀的風潮中轉型成功，則台灣的出版業也同樣能做到，甚至青出於藍，進而鼓勵更多的作者勇於發表自己的作品。讀者面對種類繁多、形式各異、內容優秀、價格低廉的大量好書，買書、讀書、談書、贈書便足以成為生活中再平常也不過的好習慣，則儘管電子書只以數位形式存在，紙本書也能歷久彌新，我們還是可以建立台灣成為一個書香社會。

──原載於 2012 年七月十七日

www.ingramcontent.com/pod-product-compliance
Lightning Source LLC
Chambersburg PA
CBHW071347080526
44587CB00017B/3005